少年成长之梦

SHAONIAN CHENGZHANG ZHI MENG

刘 勇
李春雨
主 编

侯 敏
姚舒扬
副主编

付 平 编著

北京师范大学出版集团
安徽大学出版社

图书在版编目(CIP)数据

少年成长之梦/付平编著. —2 版. —合肥:安徽大学出版社,2014.9
(梦想的力量:中国梦青少年读本/刘勇,李春雨主编)
ISBN 978-7-5664-0845-7

Ⅰ. ①少… Ⅱ. ①付… Ⅲ. ①爱国主义教育－中国－青少年读物 Ⅳ. ①D647－49

中国版本图书馆 CIP 数据核字(2014)第 219712 号

出版发行:	北京师范大学出版集团
	安徽大学出版社
	(安徽省合肥市肥西路 3 号 邮编 230039)
	www.bnupg.com.cn
	www.ahupress.com.cn
印　　刷:	合肥市裕同印刷包装有限公司
经　　销:	全国新华书店
开　　本:	170mm×230mm
印　　张:	13.25
字　　数:	128 千字
版　　次:	2014 年 9 月第 2 版
印　　次:	2014 年 9 月第 1 次印刷
定　　价:	24.80 元

ISBN 978-7-5664-0845-7

策划编辑:赵月华　钟蕾		装帧设计:李　军	
责任编辑:刘金凤		美术编辑:李　军	
责任校对:程中业		责任印制:赵明炎	

版权所有　侵权必究

反盗版、侵权举报电话:0551－65106311
外埠邮购电话:0551－65107716
本书如有印装质量问题,请与印制管理部联系调换。
印制管理部电话:0551－65106311

总 序

中国是有着五千多年灿烂历史文明的泱泱古国。周秦伟业、两汉文明、大唐盛世、宋季富士、元朝拓疆、明代兴旺、康乾胜景，历史上伟大的时代与悠久的历史文明，不仅让我们每个炎黄子孙倍感骄傲，而且令世界人民叹为观止。而时至清朝，当欧洲已经走出长达八百多年中世纪的黑暗，在文艺复兴运动，接受一系列新知识、新技术的时候；当18世纪初牛顿发现了万有引力定律、莱布尼茨建立了微积分体系、培根喊出了"知识就是力量"的时候；当英国正在大张旗鼓地进行工业革命的时候，中国却仍然沉浸在"天朝上国"的迷梦和农业经济繁荣的落日余晖之中，根本不知道世界正在发生翻天覆地的巨变。结果是中国为此付出了沉重而惨痛的代价，鸦片战争失败后所签订的丧权辱国的中英《南京条约》，使中华民族承受了巨大而空前的屈辱，于是无数的仁人志士开始为振兴中华而奔走呼号，甚至抛头颅、洒热血。从洋务运动、戊戌变法、辛亥革命,直到中华人民共和国成立,中国人民为了寻求挽救国家于倾颓的伟大梦想,走过了一段艰难曲折的历程。

五四运动是这一历程中重要的一步,成为近现代国人真正觉醒的辉煌的起点。五四运动的先驱在高扬"民主""科学"伟大旗帜的同时,将目光聚焦于文学。我们还清楚地记得,无数有识之士都不约而同地将目光集中投向了青年!五四新文学与新文化运动中最重要、最让人瞩目的刊物就叫《新青年》,陈独秀所写的《敬告青年》满含殷殷之情、拳拳之心,至今令人难忘。回想当年,陈独秀为什么要创办《新青年》?为什么要写《敬告青年》?以陈独秀为代表的那代人为什么那样关注青年?难道是因为他们心血来潮吗?难道是因为他们认为青年必然胜过老年吗?不是的!他们清醒地意识到,民族伟大复兴的梦想不是一代人所能完成的,甚至也不是两三代人就能实现的。这个伟大的使命势必要由数代青年前赴后继,不断努力地去承担、去完成、去实现!

陈独秀在《敬告青年》一文中的慷慨陈词:"青年如初春,如朝日,如百卉之萌动,如利刃之新发于硎,人生最可宝贵之时期也。青年之于社会,犹新鲜活泼细胞之在人身。"亦如梁启超在《少年中国说》中所言:"老年人常思既往,少年人常思将来。惟思既往也,故生留恋心;惟思将来也,故生希望心。惟留恋也,故保守;惟希望也,故进取。

惟保守也,故永旧;惟进取也,故日新。"这样的言辞虽然有些绝对,但却道出了青少年乃国家与民族未来希望之实质。

从晚清起到今天,心怀强国梦想的中国人奋斗了一百多年。虽然在这一百多年中,几代人前赴后继,为中华民族开辟了一条通往伟大复兴之路,但在这条复兴的道路上,还需要我们继续努力。实际上,以"中华民族伟大复兴"为旨归的"中国梦"正像五四新文学先驱者们所预测的那样:还需要几代人去实现。也就是说,还需要几代青少年去不断地努力与拼搏。所以,让青少年了解什么是"中国梦",让青少年了解"中国梦"的实现对于我们国家与民族的根本意义,是多么急切,多么重要!这就是我们出版这套"梦想的力量:中国梦青少年读本"丛书的初衷。

这套丛书,紧紧围绕着"理想信念""少年成长""教育强国""科技腾飞""文学艺术""悠悠历史""求真探奇""城乡和谐""平凡人生""走向世界"等十个与"中国梦"密切相关的主题,用许许多多生动有趣的故事,向怀揣梦想的青少年说明:"中国梦"这三个字绝对不是口号、不是空想。相反,它有着丰富的文化内涵和底蕴,它涵盖了我们生活的方方面面,彰显在历史、科技、文学艺术等各个领域。它既可以体现为伟人在其人生历程中所追求的理想信念,也可以体现为普通人在平凡的人生中所坚守的一个个小小梦想；它既可以体现为老一辈对于自己梦想的执着守望，也可以体现为年轻一代对于未来的无限憧憬。

我们之所以把这些故事讲给青少年听，是想让青少年了解那些曾经发生和正在发生的感人故事，让他们真正体悟梦想的实现都不是一蹴而就的，而是要付出辛劳和汗水；让青少年在这些生动感人的故事的熏陶下培养自身坚强、勇敢、勤劳的优秀品质；让青少年通过这些故事反观自身，从而激发他们面对挫折时的斗志和勇气；让青少年了解什么是"中国梦"，为什么要实现"中国梦"；让青少年明白自己在实现民族伟大复兴的"中国梦"的历史进程中肩负着什么样的责任。

"梦想的力量"在根本上来自青少年！

"中国梦"的实现归根到底在于青少年！

刘 勇 李春雨

2014 年 1 月

目录

提刀杀贼勇少年 // 1
丹心侠骨作人杰 // 8
从"三味书屋"出发的救国路 // 15
领袖风华出少年 // 23
为中华之崛起而读书 // 30
不做八股求真理 // 37
不拘一格是人才 // 44
海的女儿 // 51
"背榜生"考了头榜 // 57
自幼钻研石头的地质学家 // 67
钟情于书的钱钟书 // 75

"小羊圈"胡同走出的大作家 // 83

为国歌谱曲的聂"耳朵" // 92

流亡千里为求学 // 99

天才少年笔如神 // 107

渔船上诞生的音乐家 // 117

名字写进了数学书里的中国人 // 124

翻身农奴把歌唱 // 132

被汽水"醉"倒的棋圣 // 141

从小儿麻痹症患者到人民艺术家 // 149

"酷小丫"的世界冠军成长记 // 155

心系民工的哈佛大学高材生 // 163

"邪童"正史 // 168

谁的青春比我狂 // 175

守望"留守儿童"家园的留守儿童 // 184

六年助残同窗情 // 189

世界冠军的父女情 // 198

后记 // 203

提刀杀贼勇少年

刘铭传是第一任台湾巡抚,但是他的同乡谈起他,往往称他为"乡间恶少年"。这是怎么回事呢?

刘铭传的家乡在庐州府合肥县(今安徽肥西),他在家排行老六。

刘铭传的父母都是老实忠厚的庄稼人,他的父亲刘惠,人人称"刘老好"。有一次,他家的树木被人偷偷砍了。幸好被邻居发现,当场抓住偷砍树的人。刘惠为了感谢邻居,摆了好大一桌宴席。但趁大家吃得尽兴的时候,刘惠偷偷放走了贼人,非但不打不骂,还送了几文钱。周围的人们都说老刘家仁义、忠厚。

可刘铭传的个性却与他的父母完全不同,性情豪爽,受了欺负,绝不忍气吞声。

到了该上学的岁数,刘铭传的父母赶紧把他送到了私塾,期望先生们能好好管教他。

先生们虽然很喜欢这个聪明的娃娃,但是他不务正业,不喜欢四书五经,只喜欢研读兵书、战阵、五行杂书。

一天,先生来到私塾,发现里面一个人也没有。往窗外一看,发现刘铭传又带着伙伴们玩打仗游戏。他自封为主帅,忙着摆兵布阵,小伙伴对他言听计从。一群孩子分为两拨儿,正在交战呢。

先生气得走出私塾,本想高声呵斥,却听见刘铭传站在小土坡上仰天长叹:"大丈夫当生有爵,死有谥,安能龌龊科举间?"先生停住了脚步,心想这个娃子不一般呀!

刘铭传11岁那年,父亲去世了,不久两个哥哥也相继去世。家里经常被乡里的恶霸欺凌。为了保护家人,刘铭传跟一位武功高强的师父学习功夫。

一天,他回到家中,发现屋子里被翻得乱七八糟,妈妈正在哭泣,几个哥哥长吁短叹。在刘铭传的追问下,家人说是乡里的一个恶霸来家里抢东西了,并断断续续地说,之前也来过好几次。

刘铭传气得用拳头击打着墙壁,并说:"大丈夫当自立,安能耐此辱哉?"

于是,刘铭传冲出屋子,沿着马蹄印子,快速追上了恶

霸,要跟恶霸决斗。恶霸见拦在马前的是个小孩子,不由得哈哈大笑起来。他看刘铭传人小力单,狂妄地说:"你这小孩子敢跟我过不去?我给你一把刀,你有本事把我杀了,你就是好汉!"说罢,把一把十多公斤重的大刀扔到了地上,心想:这个小娃娃恐怕连刀都举不起来,还想跟我斗,笑话!

没有想到,说时迟那时快,刘铭传轻松地拎起了大刀。恶霸暗叫不好,想从同伙手里拿武器来抵挡,不过晚了!

刘铭传跳上恶霸的马背,手起刀落,砍下了恶霸的头,一脚将恶霸的尸体踢下马。

他一手高举着大刀,一手按住马头,高声大喊道:"这个恶霸侮辱乡亲、抢劫财物,我杀了他。愿意听从我的,我们一起保卫乡里。"

闻讯赶来的乡亲们一拥而上,恶霸的同伙们纷纷逃窜。

刘铭传骑着恶霸的马,在村子里转了好几圈,被恶霸欺凌了很久的乡亲们看着马上的少年,交口称赞道:"这个孩子真是了不起,给我们出了口气。"私塾的先生也走了出来,笑眯眯地说:"我早就看出,这个孩子不一般。"

从此以后,村里的很多人都开始跟刘铭传学习武功。他们建起了一支互助保卫队,在队长刘铭传的带领下,保卫自己的家园。"乡间恶少年"也成了人们对刘铭传最亲昵的称呼。

后来,刘铭传投入湘军、淮军,成为地方团练领袖。由

于他作战英勇,因而得到了李鸿章的赏识。

刘铭传不仅智勇双全,而且是一个有心之人。当李鸿章将刘铭传推荐给曾国藩时,还推荐了另外两个人。曾国藩为了检验他们三人的品格,约他们同一时间到曾府去面谈。可到了约定的时间,曾国藩故意不出来,让他们在客厅中等候,其实在暗中仔细观察他们。渐渐地,其他两位开始不耐烦,后来竟然忍不住开始抱怨,只有刘铭传安安静静、心平气和地欣赏着墙上的字画。曾国藩出来后,让他们三人到书房面谈,并考问他们客厅中字画的内容。当然,只有刘铭传一人答得出来。

不久,刘铭传被任命为台湾巡抚,主要负责抵抗法国入侵。这个消息一传开,法国派出"间谍王"彼得,组织一批刺客,开始了刺杀刘铭传的行动。

一天夜里,刘铭传坐在自家书房里看书,突然,外面传来了"有刺客"的叫喊声。刘铭传没有理会,依然镇定地看书。这时,一个仆人跑了进来,气喘吁吁地说:"老爷,有刺客。"紧接着,管家带着一群人赶来,站在门外大声道:"老爷,有刺客进入府中,你要注意安全啊!"刘铭传一边应着,一边端详着进来的仆人,然后大声呵斥:"你还在屋里傻待着干什么,快去抓刺客,别让刺客跑了。"那个仆人愣了一下,只好转身往外走。他刚一出门,刘铭传就拍着桌子大

喊一声："抓住他。"那个仆人被管家带的人当即抓住，并从他身上搜出了一把雪亮的短刀。管家一见，说："果然是刺客。"刘铭传不慌不忙地说："什么刺客啊，这家伙，我看倒像个小偷，想来府中偷盗东西。"那个人连忙跪地求饶，并顺着刘铭传的话，说自己是小偷，家里穷，为了家中的老母亲只好到刘府弄点银两来救急，所以恳请刘铭传饶了他。

不顾管家的劝阻，刘铭传执意放走了小偷，还当着小偷的面，故意发牢骚，说："什么台湾巡抚，我根本就不想当，明天就派人送辞呈进京。"

第二天一早，刘铭传便写好了辞呈，派管家带着辞呈上路了。当"间谍王"彼得听到刘铭传拒绝赴任的消息时，松了口气，马上放出消息，让各处埋伏的刺客都撤回来。可是没过几天，彼得又收到可靠情报，说刘铭传并没有隐居家中，而是到台湾走马上任了。

彼得又惊又气，立刻派人打听，才知道自己上了刘铭传的当。刘铭传故意当着刺客的面，说自己不愿当台湾巡抚，这是为了迷惑敌人。其实，他们兵分两路，管家佯装送辞呈进京，而刘铭传乔装打扮，去台湾赴任了。

为了除掉刘铭传，彼得派出了很多刺客，有的化装为流民，有的扮作商人，不断地潜到台湾。他也亲自潜到台湾，坐镇指挥。

刚到台湾,彼得就接到了一个好消息——刘铭传已经在接风宴上被刺杀了。不过,他这次没有轻易相信,而是派出了好几拨人去刺探详情。令彼得高兴的是,有人亲眼看到刘铭传死了。他立刻给法军发电:刘铭传已死,攻打台湾的战斗可于近日实施。

法军司令孤拔早已集结部队,一接到刘铭传被刺的消息后,就立即指挥士兵包围了台湾重镇基隆市,气焰嚣张地对清军守兵喊道:"你们的刘巡抚已死,限你们明天上午8时投降,否则,炸平基隆。"然后手一挥,得意扬扬地收兵回营,等待清兵投降。

但是,他等来的不是投降,而是猛烈的进攻。当孤拔带着人快步走到营帐外时,只见清兵已经将法军重重包围了。领头的那个人,骑着大马,穿着草鞋,高声大喊道:"孤拔,你认识刘铭传吗?我就是。"孤拔听了目瞪口呆,原来这就是刘铭传,他没有死,只不过是用了一条瞒天过海的计策来欺骗他们。

在清军的反击下,法军节节败退,孤拔也在战斗中丧命。彼得闻讯,准备逃走,可刚走出基隆城门就被拦住了去路,拦住他的正是他多次想刺杀的刘铭传。彼得被抓进了大牢。

曾经的"乡间恶少年"成为中国清末著名的将领,为保卫台湾做出了突出的贡献。

2011年4月,台湾首任巡抚刘铭传的遗骨在家乡安徽省合肥市肥西县大潜山安葬,上千人参加了安葬仪式。他的事迹、他的名字,将被许多中国人铭记于心。

铭传大学 铭传大学共有台北校区、桃园校区、基河校区和金门校区4个校区,校名是为纪念台湾巡抚刘铭传而以其名命名的。

铭传大学台北校区前临基隆河,背靠圆山,建有"明伦楼""明仁楼""明德楼""明道楼""明智楼"等教学大楼。铭传大学桃园校区,体育设施完善,直排轮练习场是其他大学少见的运动场地。

❋ ❋ ❋

聪明出于勤奋,天才在于积累。

——华罗庚

丹心侠骨作人杰

东京同盟会本部,孙中山、黄兴正在发愁,经费枯竭,筹款没有着落,怎么办?

突然,孙中山想起了一个人。这个人与他相遇在去法国的海轮上,两人一见如故。听说孙中山要去欧洲募集革命经费,这个人曾表示:"我近数年在法经商,获资数万,愿意为君之助。君如革命所需,请随时电告,我将悉力以应。"并且当场留下地址,还相约了暗号:按照 ABCDE 的顺序,A 为 1 万元、B 为 2 万元、C 为 3 万元、D 为 4 万元、E 为 5 万元。

孙中山与黄兴谈起此事,说想往巴黎发一封电报试一试。

黄兴不相信,说哪会有这样的好事呢,不会是清廷的

密探吧?

但是,孙中山坚持试一下,于是发了一封电报给对方,电文仅仅是一个字母"C"。

数日之后,竟然真的有3万法郎从巴黎汇来,同志们又惊又喜。自此,孙中山在缺少资金的时候,只要发出电报,就有求必应。

这个从巴黎给孙中山汇款的人,就是张静江。他出身江南丝商巨贾之家,一生充满传奇色彩。在结识孙中山先生后,他便开始对孙中山先生的革命事业给予经济上的支持。

其实,张静江传奇的一生是从少年时代开始的。张静江少年时喜欢英雄豪杰,好侠气重义气,最喜欢李清照诗中的名句"生当作人杰,死亦为鬼雄",并自名为"人杰"。

在家乡南浔这个地方,少年张静江很有名气。从小,他就喜欢与大人们高谈阔论,虽然略显稚嫩,但是往往语出惊人。不少大人被他的谈吐、气度折服,经常感叹他长大必将有一番大作为。

在张静江11岁的时候,他的家乡连续发生了两场火灾。一场发生于1887年正月。南浔的一个地方水师营,因为火药库发生爆炸,炸毁了一座库房,并且酿成了一场大火,周围的民房被烧毁了不少。这场火灾就是南浔历史

上有名的"火烧张公馆事件"。

同年12月中旬,南浔镇又发生了一场火灾,从镇的中心一直烧到青风桥。那天,风很大,火越烧越旺,一直烧到了三府衙门前。这场大火烧毁了200多间房屋。

张静江目睹了这两场火灾。在火灾现场,他没有躲在父母的背后,也没有到处乱跑。他选择了一个安全但是又能看清现场的地方,静静地看着。他蹙着眉毛,沉着脸,一言不发。

他的眼睛紧紧地盯着老式的救火工具。因为在火灾现场,人们虽然奋力救火,但是工具不得力,所以没有办法快速地扑灭大火。

火灾过去几天了,张静江站在一片残垣断壁旁,想起了这里以往的热闹繁华,想起了火灾那天人们的惊慌失措,想起了那些被烧毁房屋而无家可归的乡亲那一张张痛苦而无奈的面孔……

想到这些后,张静江立刻回到家中,向祖父、父亲说了自己的想法——张家作为镇上的大家族、镇上的巨商富豪,应该出钱改进镇上现在使用的陈旧的救火工具。这个提议得到了家人的赞成。不久,镇上出现了一件新鲜事。一个"小洋龙"新式救火队成立了。老百姓看了这些从上海买来的进口救火器,啧啧称赞。救火队员都是张氏家族

的棒小伙子,个顶个的身强力壮、身手矫健。

从此以后,只要镇上发生火灾,"小洋龙"救火队就会迅速出动。终于,火灾的阴影被驱散了。

当人们听说这个"小洋龙"救火队是由11岁的少年张静江建议成立的,并且是由他训练和管理的,人们对他更是刮目相看了。

没过多久,镇上传来了一个让人难过的消息。

"听说了吗?张小公子的脚受伤了。"

"是呀,是呀,好像是因为一次火灾吧。"

"听说是救火的时候受的伤。"

"训练的时候吧?"

一时之间,镇上议论纷纷。

又过了些日子,一个让人更难过的消息传来了,张小公子的脚竟然跛了。顿时惋惜声四起。正在人们议论叹息之际,有人惊讶地叫了一声:"那个,那个,不是,不是张小公子吗?"

众人抬头一看——一匹枣红色的高头大马,马蹄嗒嗒地踏着路面,飞奔而来。马上的少年英姿勃发,来到众人面前,粲然一笑,然后回头对身后的一队"小洋龙"救火队员发出口令:"出发!训练!"

一骑快马,绝尘而去。

众人哗然,张小公子就是张小公子,即使脚跛了,也是他们的英姿勃勃的张小公子、侠气凛然的张小公子。

虽然张静江的脚跛了,但是他的意志没有消沉。最终,他成为一代商界传奇。

在陆续收到张静江的汇款后,孙中山对张静江的义举十分赞赏,让同盟会元老胡汉民先生回信表示谢意。张静江随即复信说:"余深信君必能实行革命,故愿尽力助君成此大业。君我既成同志,彼此默契,实无报告事实之必要;若因报告事实而为敌人所知,殊于事实进行有所不利。君能努力猛进,即胜于作长信多多。"

革命胜利后,有朋友看到一箱沪军都督府的公债票,就劝张静江凭票向国民政府索款。张静江只是笑笑说,此前为革命花去很多钱都从没要过,这些只是攻打上海时的一部分款项,不必去计较了。据不完全统计,张静江在辛亥革命前后捐款多达110万两白银。

1923年,张静江因骨痛病复发回到南浔家中休养,孙中山听到消息,急忙请留德名医李其芳为他做电疗。另外,他亲自写信给张静江,劝他休养好身体,继续为国效力。没有想到的是,1924年底,孙中山因积劳成疾,患了肝癌,住进北京协和医院。张静江闻讯后,不顾自己的身体状况,从南浔千里迢迢赶到北京协和医院探望孙中山。

孙中山看到张静江拄着拐杖,吃力地走着,心痛地说:"人杰,你病成这个样子,为何还专程来看我?"张静江紧握孙中山的双手,看到老友瘦骨嶙峋,泪水夺眶而出。他坚决不肯离去,忘记了自己也是个病人,跑遍了北京,为孙中山寻找良医。

1925年3月11日,孙中山在事先准备好的两份遗嘱上签字。按照孙中山的意愿,张静江首先签字,依次是吴稚晖、汪精卫、宋子文、孔祥熙、何香凝等12人签名作证。1925年3月12日9时30分,孙中山与世长辞,张静江悲痛欲绝。1925年4月2日,孙中山的灵柩从中央公园移至西山碧云寺安放。石龛内悬挂着张静江书写的长联:"功高华盛顿,德盖中华间,行易知难,并有名言传海内;骨瘗紫金山,灵栖碧云寺,地维天柱,永留浩气在人间。"

孙中山感念张静江为革命做出了很大贡献,特别是经济上的无偿捐助,生前称张静江为"革命圣人",并题"丹心侠骨"四字相赠。张静江用自己一生的奋斗,诠释了"生当作人杰"的深刻内涵。这个马上的翩翩少年,一路走来,成为世人景仰的"革命圣人"。

知识链接

中国同盟会 1905年7月,在日本东京,孙中山倡导筹备成立中国同盟会。1905年8月20日,中国同盟会正式成立,由兴中会、华兴会、复兴会合并而成。孙中山被推举为总理,黄兴等任庶务。

中国同盟会亦称为"中国革命同盟会",是中国清朝末年由孙中山领导和组织的一个全国性的革命政党。可以说,同盟会的活动,加速了清朝的灭亡与"中华民国"的建立。

❖ ❖ ❖

三军可夺帅也,匹夫不可夺志也。

——(春秋)孔子

从"三味书屋"出发的救国路

如果你来到浙江绍兴鲁迅故居中的三味书屋,如果你够细心,一定会发现鲁迅上学时的课桌上刻着一个"早"字。这个"早"字,告诉了我们鲁迅少年时广为人知的故事。

鲁迅12岁时来到三味书屋,跟着寿镜吾先生学习。

在当地,三味书屋很有名气,由于寿镜吾先生"自说因精力有限",多了"就照顾不到",因此只收了8个学生。又因为寿镜吾先生非常严格,所以他收的新学生要符合两个条件:第一,必须经过他认为可靠的熟人介绍;第二,要亲自到学生家中探访,认为孩子的"品格方正"方可入学。

在那里,鲁迅度过了一段快乐的学习时光。在他眼中,寿镜吾先生是质朴、博学、严厉的人;每天读书、习字、

对对子的生活很有趣;书屋里人声鼎沸的读书声与先生入神的朗读声很相宜……三味书屋后面的蜡梅花很美;捉苍蝇、喂蚂蚁是很有趣的事。

但是,好景不长,鲁迅13岁时,他的祖父因为科场案被逮捕入狱。他的父亲长期患病,家境一落千丈。为了给父亲治病,他经常去当铺当掉家里值钱的东西,然后再到药店给父亲买药。

有一次,他的父亲病得非常严重,鲁迅一大早就跑去当铺。当来钱后,他又跑了好几家药店,才把药方上的药买齐。他着急地跑回家,送完药之后,立刻又赶去三味书屋。但是,先生已经开始上课了。先生发现站在门口的鲁迅,生气地说:"十几岁的学生,还睡懒觉,上课迟到。下次再迟到就别来了。"

鲁迅听了先生的训斥,只是点点头,没有为自己做任何辩解,低着头默默地回到自己的座位上。

第二天一大早,他来到学校,在书桌右上角用刀刻了一个"早"字,心里暗暗地说:以后一定要早起,不能再迟到了。

在以后的日子里,他父亲病得更厉害了。鲁迅每天要到当铺去当东西,然后到药店去买药。在当铺里,鲁迅不仅要遭受人家的白眼,还要努力地跟当铺的伙计讨价还价。

同时,大夫开的药方越来越复杂,并且需要很多稀奇古怪的药引子,如经霜三年的甘蔗、一对原配的蟋蟀等。鲁迅只好每天天不亮就起床,奔波在当铺与药店之间,然后再匆匆忙忙地赶到三味书屋。虽然非常辛苦,但是鲁迅再也没有迟到过。

父亲去世后,家中一贫如洗,鲁迅不能继续读书了。在当时的绍兴,如果不能读书,只有两条路可走,做师爷或学做生意。鲁迅是家中长子,身上的担子自然很重,那么走出三味书屋的少年,到底会往哪里去呢?

1898年5月,鲁迅离开绍兴来到了南京,从下关上岸,直奔江南水师学堂。当时,学堂是被世人看不起的。办学堂的人梳着辫子、穿着公服,心里也看不起上学堂的人。虽然他的一个叔祖,以举人的身份担任江南水师学堂的汉文教习兼管轮堂监督,但是这位叔祖思想封建而性格顽固,认为自家子弟进新式学堂"当兵"不好,于是不让鲁迅用家谱上的本名,而把鲁迅改名为"周树人",并让鲁迅用这个名字报名。鲁迅顺利地通过了《武有七德论》试题的考核,成为水师学堂实习学生,分在管轮班,从此开始了在江南水师学堂的学习生涯。

在江南水师学堂,洋务派"中学为体,西学为用"的主张得以体现。一周中,一天读《左传》,一天做古文,其余四天的课主要是英文,其教员多为英国人。课余时间鲁迅最喜欢做

的事情就是爬到高高的桅杆上,近看狮子山,远眺莫愁湖。

这所学堂虽号称"水师",却与水没有什么关系,仅有爬杆勉强算是专业训练。因为游泳池曾经淹死过两个年幼的学生,所以被填平了。水师学堂的学生不学游泳这事被社会上的人笑了很久。而且学堂当局迷信鬼神、迷信权力,在大堂上陈列着"令箭",据称学生犯了"军令",还会被杀头。

这样的学堂,与鲁迅的梦想差距太远了。有人说:"只有福建人才可在舱面甲板上工作,外省人一律管理机器间。照这样下去,等到船沉了还钻在里面不知道呢!"所以,鲁迅再次"出走"。听说江南陆师学堂附设的矿务铁路学堂的学生们都读新书,于是,鲁迅在1899年2月进了江南陆师学堂附设的矿务铁路学堂。

第一学期,由于成绩优异,学校奖给鲁迅一枚金质奖章。他毫不犹豫地把奖章拿到南京鼓楼街头卖掉,将得来的钱,买了几本书和一串红辣椒。在寒冷的夜里,他专心读书,实在太冷了,就摘下一个辣椒,放在嘴里嚼着御寒。

在这里,鲁迅接触了很多新学,阅读了大量的近代科学、社会学和文学的译著。其中,他最喜欢的就是严复译述的《天演论》。鲁迅还大量阅读了中国留日学生出版的杂志《译书汇编》,如其中刊载的卢梭的《民约论》、孟德斯鸠的《万法精理》等。这些作品开阔了他的视野,也引起了

他对封建旧思想、旧传统的反思与否定。

1901年11月,鲁迅在青龙山煤矿实习,这是他第一次接触到中国的产业工人。矿工凄凉的工作情景,让鲁迅感触颇深。

于是,鲁迅刻了两枚印章:"文章误我"与"戛剑生",以此表示以前读书作古文,耽误了自己的青春,现在要"嘎"的一声抽出剑来参加战斗。但出路在哪里呢?只有一条:到外国去。

后来,鲁迅以一等第三名的优异成绩从矿务铁路学堂毕业。江南陆师学堂章程规定:一等学生要禀请总督发给《执照》,二、三等学生只发给《考单》。鲁迅以一等第三名的优异成绩毕业于矿务铁路学堂,荣获了《执照》。《执照》上写着:"矿务铁路学堂'选募聪颖子弟,到堂学习矿学、化学、格致、测算、绘图等项,现届三年毕业'。'学生周树人,现年十九岁,身中面白无须,浙江省绍兴府会稽人,今考得一等第三名。'"而且,他的7门功课成绩都在85分以上。

1902年3月24日,鲁迅等5名学生以官费生身份,随矿务铁路学堂总办俞明震离宁经沪赴日本留学。

从此,鲁迅走上了一条用文字救国救民的道路,并开始了他的文学梦、救国梦。

《朝花夕拾》　《朝花夕拾》是鲁迅的一本散文集，全书包括《狗·猫·鼠》《阿长与〈山海经〉》《二十四孝图》《五猖会》《无常》《从百草园到三味书屋》《父亲的病》《琐记》《藤野先生》《范爱农》等散文。

这本散文集主要描写了鲁迅年少时代以及到日本前后的生活片段，在深刻的思考中，渗透着对家人、师友的真挚情意以及对以往生活的深切回忆。

❋ ❋ ❋

哪里有天才，我是把别人喝咖啡的时间都用在写作上了。

——鲁迅

领袖风华出少年

旧中国的农民,要想过上好日子,必须克勤克俭。毛泽东就是降生在这样一个向往过上好日子的农民家庭。他从6岁开始,就做一些家务和农活,如拾粪、砍柴、拔草、放牛等,识字后还帮助父亲记账。在14岁到15岁期间,他的父亲要求他和家里雇的长工一起干活。毛泽东不怕辛苦,还经常抢重活干。

毛泽东的外祖父家也是务农的,但他的一个舅舅在开馆教书,毛泽东8岁前经常到那里听讲。8岁后,父母让他正式到韶山的私塾读书。一直到16岁,除了做过两年农活外,其余的6年时间主要是在私塾中度过的。当然,作为农民的儿子,毛泽东在上学期间,早晚去放牛、拾粪,农忙时帮忙收割庄稼。在私塾里,毛泽东从《三字经》《百家姓》《增广贤文》《幼学琼林》学起，随后学四书五经。毛泽东读书非常勤奋，表现出过人的记忆力和理解力。私塾里的各门功课他都学得很好，但他始终认为私塾传授的知识、技能和道理浅薄刻板、枯燥难懂、脱离现实。

相反，少年毛泽东更爱读的是那些被私塾老师称为"闲书"或"杂书"的《水浒传》《西游记》《三国演义》《说岳全传》《隋唐演义》等古典小说。在私塾里，先生不让读，他就用课本挡在小说外面偷着读；在家里，父亲不让读，他就利用放牛的时间读，甚至晚上用布把窗户遮住，一个人点着油灯悄悄地读……这些小说里的故事，成了毛泽东与村里老人、小孩间相互沟通的谈资，大家都喜欢这个既聪明又能干、既善良又能讲各种历史掌故的少年。

读这些小说不仅让毛泽东得到了心灵上的愉悦，还让他开始思考人生和现实。小说中那些英雄的成长历程与光辉业绩激励着他去思考人应该怎样活，那些朝代的往复更替启迪着他去追寻社会兴衰成败的轨迹。直到有一天，他忽然对自己一贯热衷的古典小说感到了迷惘，他忍不住去问同他一样爱读古典小说的学长或前辈："您有没有发现，这些小说林林总总、包罗万象，但里面却从来没有写到这些人吃的粮食是从哪里来的、穿的衣服是从哪里来的、用的日常用品是从哪里来的，更没有写到我们天天所过的

脸朝黄土背朝天的农民生活。也没有哪个农民做过小说中的主人公,所有的人物除了是皇帝、王爷、武将、文官、书生、侠客、神仙外,就是老爷、太太、公子、小姐、书童、丫鬟,难道耕田织布就那么不重要吗?"但始终没有人能够回答他的问题。有一些人嘲笑他:"小说都是瞎编乱造用来消遣、打发时间的。如果不写那些平常见不到的人或事,谁还爱看呢?咱们天天过的就是农民的生活,难道还想看描写我们自己每天生活的小说吗?那多没意思呀!这都想不到,你也太傻了吧!"但毛泽东认为绝不是这样的。他反问道:"难道帝王将相、才子佳人读的小说是描写他们不熟识的农村和农民的生活吗?"嘲笑他的人立刻哑口无言了。

经过一段时间的苦苦思索及对周边现实日益深入的了解,毛泽东终于找到了答案。在他17岁那年春天,长沙附近地区闹灾荒,粮食价格一路飙升,很多人家的生活都难以为继,甚至出现了一家人抱着石头跳入池塘自杀的惨剧。很多饥饿的民众蜂拥到清政府巡抚衙门请愿,要求政府把粮仓中的存粮或低价出售或借给大家渡过难关。这些要求遭到了拒绝,衙门守军还当场打死了14人。民众在忍无可忍的情况下,放火烧了巡抚衙门,捣毁了外国洋行、轮船公司、税关。清政府派兵镇压,把被杀者的头颅高挂在长沙城南门外示众。毛泽东在家乡韶山听到了这个

消息,心里久久不能平静。因为他终于明白,在一个不平等的社会里,即便是小说,也只是以那些骑在别人头颈上作威作福的人为主角,而绝不会颂扬或关注那些政治上没地位、经济上被榨取、每天被生活压得抬不起头的农民或城市贫民。即便一些农民被写入《水浒传》等小说中,他们也只能充当看客或盗贼、帮闲或帮凶,他们的生活起居、所思所想,更是无人谈起的。

在毛泽东17岁那一年,父亲打算让他到湘潭县城一家米店当学徒,但毛泽东坚决要求到外面继续求学。在众亲戚的反复劝说下,父亲终于同意让毛泽东离开闭塞的韶山,去湘乡县立东山小学堂学习新学。充满着对新生活的向往,少年毛泽东在离开家乡前改写了一首诗,夹在父亲每天必看的账簿中。诗中写道:"孩儿立志出乡关,学不成名誓不还。埋骨何须桑梓地,人生无处不青山。"

毛泽东在东山小学堂求学期间,最喜欢的地方有两个:一个是藏书楼,一个是操场。

东山小学堂的藏书楼,收藏了古籍类图书、新学类图书上万册。毛泽东经常泡在图书馆里,读起书来就忘了时间、忘了吃饭。随着阅读量的增加,他的眼界打开了,学识增加了。

他非常喜欢读康有为、梁启超的著作,觉得从内容到

文体都格外新鲜,于是经常仿效"康梁体"写作文。起初,有些老师不能接受,但东山小学堂堂长李元甫却对毛泽东的文章给予肯定,他公开表示:"毛泽东的文章我都看过了,是写得很好的。他思想先进,文笔泼辣,给八九十分都不为过。另外嘛,'康梁体'的文章也是可学的……"

在堂长的倡导下,东山小学堂里的新学蔚然成风,有的先生开讲"康梁体";有的先生开讲《饮冰室文集》;曾留过学的先生,在课堂上讲起了"洋文",如《泰西五十轶事》《天方夜谭》……这里真的成了一所"洋学堂"。毛泽东更加勤奋读书、写文章。一次他写了一篇名为《宋襄公论》的作文,国文教员谭咏春先生读后拍案叫绝,用朱笔在上面写了一则批语:"视似君身有仙骨,寰观气宇,似黄河之水一泻千里。"还破例打了一个 105 分(满分 100 分)。

但是,少年毛泽东不是一个死读书的孩子。读书之余,他非常注意锻炼身体。每天早晨,他早早起床,从学校跑步到东台山,又从东台山跑步回学校,来回的路程有五六里,然后再准时出现在学校早操上,风雨无阻,从未间断。

有一次,值周老师点名的时候,发现毛泽东不在,十分诧异。在他的印象里,毛泽东是一个严格遵守纪律的学生,今天怎么了?询问同学,谁也不知道毛泽东去哪儿了。早操都快结束了,毛泽东才一身泥水地匆匆跑来,恭恭敬

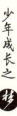

敬地站在操场外,等待老师训诫。老师见他态度诚恳,便没有追究。

没想到过了一会儿,一个农民赶到了学校,打听一个天天跑步的学生叫什么名字。值周老师以为毛泽东闯了祸,连忙把农民请进屋里,让他慢慢说。谁知道,农民感动地说:"这个孩子没有闯祸。我是专门来谢谢他的。"原来,东台山下有一口池塘穿了涵洞,马上就要淹没下面的草籽田。池塘不仅水深寒冷,而且淹死过人,大家都不敢下去。跑步经过这里的毛泽东,毫不迟疑地搬起一块大石头下到池塘里,费了好长时间才将涵洞堵好。农民说:"如果不是这个学生,我的十多亩草籽田就没有救啦!你们一定要好好表扬他。"值周老师送走了千恩万谢的农民,透过窗子,看着正在专心读书的毛泽东,不禁啧啧称赞:"润之,难得的好学生啊!"

在这里,毛泽东曾经写过一首诗《咏蛙》:"独坐池塘如虎踞,绿杨树下养精神。春来我不先开口,哪个虫儿敢作声?"诗句虽短,但我们可以看出他宏伟的抱负和奋发向上的勇气。就是从这里,一个农民的儿子走上了一条为全中国人民谋幸福的道路。

知识链接

《湘江评论》 1919年7月14日,《湘江评论》在长沙创刊。创刊号宣言署名"毛泽东"。宣言指出:"什么力量最强?民众联合的力量最强。"

《湘江评论》因宣传最新思潮,深受广大读者欢迎。李大钊认为它是全国最有分量、见解最深的刊物。

1919年8月上旬,《湘江评论》第五期尚未发行,就被反动军阀查封。《湘江评论》是五四时期,思想性、进步性最突出的刊物之一,对当时的湖南乃至全国的革命运动产生了一定的影响。

❋ ❋ ❋

虚心使人进步,骄傲使人落后,我们应当永远记住这个真理。

——毛泽东

为中华之崛起而读书

周恩来曾回忆说:"12岁那年,我离家去东北。这是我生活和思想转变的关键。没有这一次的离家,我的一生一定也是无所成就……"

周恩来,1898年3月5日清晨出生于江苏淮安府山阳县驸马巷中段的一所宅院里。不到1岁时,他就被过继给叔父的遗孀陈氏抚养。4岁时他随嗣母识字,5岁时开始到私塾读书,6岁时家境开始衰落,9岁时他的生身母亲病死,10岁时嗣母陈氏也因患上肺结核去世了。家里债台高筑,他的生身父亲在当地找不到合适的工作,只能背井离乡,从江苏前往湖北去谋取差事,家里只剩下10岁的周恩来和两个弟弟。他们靠把祖宅抵押出

去的钱、伯父偶尔寄回来的钱以及典当母亲遗物的钱来还债度日。在艰难的生活中,少年周恩来既要操持日常家务,还要到附近表舅家办的私塾里读书……艰苦的日子,让周恩来对人世间的苦难有了深刻而清醒的认识。周恩来12岁那年,伯父在奉天省(今辽宁省)的工作有了一点起色,生活稍稍安定了一些。伯父自己没有子女,非常喜爱周恩来,也同情他的处境,就写信要他到东北去跟他一起生活。

1910年春天,12岁的周恩来来到东北奉天府,并进入当地的小学读书。在学校,他听老师讲述国家面临的危难和历代民族英雄的故事。在假期,他跟随当地的同学,一起察看了1904年至1905年日俄战争的战场。在读到前人的诗句"登彼龙山兮山巅,望彼河水兮潺潺。忆甲辰年兮神往,想日俄战兮心酸";"吾已生于斯兮长于斯,恨不能翱翔兮五湖烟。今吾老兮有何志愿?图自强兮在尔少年"时,他更是心潮起伏。

假期结束了,回到课堂上的周恩来,心情久久不能平静,他深感自己曾经的生活与国家的深重危难是紧密相连的。

为及时了解国内外大事,他订了当时奉天出版的《盛京时报》，养成了每天坚持读报的习惯。一次，魏校长在课堂上问学生："读书是为了什么？"一个同学站起来说："是为了给父母记账。"另一个同学站起来说："是为了谋取个人的前途。"魏校长听了这些答案，总是轻轻摇摇头，请这些同学再想一想。当问到周恩来时，周恩来坚定地回答："为中华之崛起而读书！"魏校长发出由衷的赞叹："行动有余力才能够读书做文章，心系家国，这才是有知识的读书人的本色啊！"然后，鼓励全班同学，说："泱泱中国，如今内忧外患，灾难深重，凡热血男儿，救国图存，责无旁贷。诸位年幼，读书乃打基础，以便日后投身于中华崛起之伟业。古人云'人若志趣不远，心不在焉，虽学无成'。恩来志存高远，见识不凡，这是值得诸位仿效的，每个人都应有'为中华之崛起而读书'的志向……"

　　为了中华的崛起，周恩来学习起来格外勤奋刻苦，对自己提出了读书不虚度、学业不虚度、习师不虚度、交友不虚度、光阴不虚度这5个"不虚度"的要求。他不仅努力学好学校开设的修身、国文、算术、历史、地理、格致、英文、图画、唱歌、体操等10门课程，课余还喜爱阅读《史记》《汉书》《离骚》等古典文学和历史方面的著作。他在国文课上所写的作文经常被老师贴在学校的成绩

展览处,供同学们学习借鉴。14 岁时,周恩来写了一篇题为《奉天东关模范学校第二周年纪念日感言》的作文,指出学生是未来担负国家责任的人,学校就是造就"完全国民"的地方,老师的教诲、圣贤书籍的阅读、各种科学的研究、同学间的切磋琢磨,这些就是要使学生们能够受到完全的教育,成长为伟大的人,为国家的将来负起责任。这篇文章,先后被收入《奉天教育品展览会国文成绩》、上海进步书局《学校国文成绩》和上海大东书局《中学生国文成绩精华》等书中。

在东北,周恩来原本瘦弱的体格变得强壮了。他吃的是高粱米饭,喝的是白开水,而且一直坚持在凛冽寒风中跑步、踢球、做操。他后来回忆这段生活时感慨道:"东北的高粱米饭、大风、黄土,给了我很大的锻炼……生活习惯改变了,长了骨骼,锻炼了肠胃,使身体能适应以后艰苦的战争年代和繁忙的工作……"

15 岁时,由于伯父要到天津工作,周恩来跟随伯父离开了东北前往天津。在天津,他报考了国内闻名的南开中学。有了在东北上小学的基础,他在南开中学的学习成绩依然很优秀,国文和数学成绩尤为突出。在做算术题时,他心算比其他同学笔算还要快,代数考试成绩

更能得到满分。他的英语在刚入学时基础比较差,但他每天早晨起床后,将梳洗和吃早饭以外的时间,以及中午和下午的课余时间,都用来学英文,到二年级时,他的英文已经相当好了。课余时间除了阅读清初进步思想家顾炎武、王夫之等人的著作外,他还阅读了西方启蒙思想家卢梭的《民约论》(今译《社会契约论》)、孟德斯鸠的《法意》(今译《论法的精神》)和赫胥黎的《天演论》(今译《进化论与伦理学》)等。

　　除了勤奋学习知识,周恩来还积极参加集体活动。16岁时,他和班上其他两位同学共同发起并组织了"敬业乐群会",宗旨是"以智育为主题,而归宿于道德,连同学之感情,补科教之不及",在会内分设智育部、稽古部、演说部和俱乐部,下设诗团、国文研究团、辩论团、军事研究团、演剧团、音乐团等,还自己办起图书室,定期举行学术报告会、茶话会,组织会员进行参观、郊游和旅行等活动。会员最初20多人,后来逐步发展到280多人,占全校学生总数的三分之一。在组织"敬业乐群会"的同时,周恩来还主持出版会刊《敬业》,一共出了六期。在创刊号上,周恩来还特别发表了自己的诗作《春日偶成》二首,其一为:"极目青郊外,烟霾布正浓。中原方逐

鹿,博浪踵相踪。"这抒发了他希望早日平息国家内战外患的英雄情怀。其二为:"樱花红陌上,柳叶绿池边。燕子声声里,相思又一年。"这抒发了他在浓浓的春意里,对友谊的珍惜。

南开中学的一位校董非常器重周恩来的人品和才学,想把女儿许配给他。周恩来心想:"我是个穷学生,如果我和这样的人家结了亲,我的前途一定会受到人家的支配。"因此拒绝了。

正是为了成就自己"不致陷于一隅,私于个人"的远大理想和崇高志向,周恩来从少年时代就开始了从思想到行动的全方位探索。

为中华之崛起而读书,也成了世世代代的中国青少年勤奋学习的目标。

南开中学　1904年10月17日,著名教育家严范孙和张伯苓创办了南开中学。南开中学是南开系列学校(一所大学、六所中学、一所小学)的发源地,现被中华人民共和国国务院列为国家级重点文物保护单位。

1937年，七七事变后，南开中学主要校舍被日本侵略军的飞机炸毁，部分学生与坐落在英租界的耀华中学学生合并上课，部分师生南迁到重庆，建立了重庆南开中学，直至抗日战争胜利后，回到天津复校。

❋ ❋ ❋

我们爱我们的民族，这是我们自信心的源泉。

——周恩来

不做八股求真理

  陈垣,广东新会人。中国历史学家、宗教史学家、教育家。1885年,陈垣5岁时,被父亲从家乡新会带到广州读书。由于父亲经商,没有闲暇时间教他读书,因此他在一家私塾里学习,老秀才冯掞微是他的启蒙老师。之后,他又先后跟随陈直卿、冯寅初、冯远材等人学习。

  陈垣在私塾里学习时,每天都早早地温习功课,所读的书都是四书五经等儒家经典。老师对学生们要求非常严格,不仅要会念、会背,还要学习"代圣人立言"。陈垣觉得把大好时光全部用在背诵儒家经典和翻来覆去地抠字眼上,实在是太浪费时间了。同时,老师的教学极为死板乏味,无法激发学生的创造力和独立思考能力。几年下来,对于老师要求学生必须反复研习的八股文,陈垣虽已经熟练掌握了，但他觉得做学问、求真知，八股文并非固有途径，真不知道为什么要参加科举考试，更不能理解参加科举考试为什么还要通过八股文来定高下。

带着对八股文的厌倦和科举考试的不屑，陈垣在学习儒家经典的过程中，反倒是对历史书籍中的那些逸闻趣事产生了极大的兴趣，对医学、西式教育等被称为"杂学"方面的书籍也颇感兴趣。

12岁那年，陈垣在闽漳会馆读书时，在冯寅初老师的书架上偶然发现了一本《书目答问》。这本书是晚清洋务大臣张之洞撰写的，主要是介绍读书、治学过程中，哪些是比较重要的书，哪些是比较好的版本。通过反复阅读这本书，陈垣感到此前读书时遇到的种种困惑，现在都豁然开朗了。从此，他开始按照书目中介绍的经史子集各种版本，购买自己需要的书。

14岁时，陈垣开始读《四库全书总目提要》，把这部近300万字的大书读了很多遍，并按照书目有重点、有选择地借书、买书、读书。在读书过程中，陈垣深感读书人须以天下为己任，对林则徐、张之洞设书院、译书报，在广东引进西学，尤为钦佩。在康有为、梁启超思想的影响下，他满怀爱国激情，积极投身于反帝反封建活动中，发表了不少笔锋犀利、痛斥清廷腐败无能以及帝国主义狼子野心、妄图瓜分中国的文章。

　　按照家人的安排,陈垣参加了科举考试,但他在科举的道路上并不顺利,因为较之科举而成才,他更重视经世致用、著书立说。用陈垣自己的话说,对科举考试,他是"放笔直书""文不就范"。当他参加县试时,他虽然按八股文的形式写作,但不拘泥经书章句,而是引经据典、谈古说今、直抒胸臆,其中不乏新思想、新观点。

　　主持新会县试的杨介康,思想开明,很欣赏陈垣的文章,将之列为全县第一名。但在随后的广州参加府试时,主持考试的广州知府施典章对陈垣文章的思想倾向很不满,认为"简直就是孙文的言论",后来又把"孙文"两字改为"狂妄",弄得陈垣无心再参加接下来的考试了。但架不住亲友反复规劝,他只得又去参加了后面的几次府试,并被迫写了些四平八稳、毫无新意的应试文章,总算蒙混过关,参加了院试,并考取了秀才。后来参加乡试,陈垣因自己写作较快,答应了帮一位姓甄的广东同乡代写,考试时写了两篇文章,一篇不落窠臼、富有创见的自己用,另一篇思想平庸、中规中矩的给姓甄的同乡用。结果姓甄的同乡中了举人,而自己却未中。碰到这种荒谬得不近情理的事,陈垣也无可奈何。从此以后,他彻底放弃了科举考试,并转向对现实社会的关注⋯⋯

1892年,陈垣12岁时,广州曾发生了一次大瘟疫。由于缺医少药,疫情难以控制,传染得非常迅速,很快郊区便尸横遍野。陈垣对此惨况刻骨铭心,认为如果医学发达就不会造成这样严重的疫情了。学习西医、悬壶济世的念头此时已深深地在他心里扎根。陈垣成年后,终于兴办了中国人自办的第一所西医学校——光华医学校,同时还开办了光华医院。陈垣不仅成为光华医学校的创办人、董事会董事,也成为该校的第一届学生、毕业生及留校任教的教师,主要讲授人体解剖学、细菌学、生理学等。

正是少年时代的立志报国、博览群书,陈垣成了中国著名的教育家、历史学家和史学大师,进入一代国学大师的行列。新中国成立后,陈垣曾任北京师范大学校长,中国科学院历史研究所所长,第一、二、三届全国人民代表大会常务委员会委员等职,为历史研究和教育事业做出了突出的贡献。

无论是从事教育工作,还是进行史学研究,陈垣总是保持着少年求学时的精神。

《二十史朔闰表》 陈垣所作的《二十史朔闰表》是考史的重要工具书。《二十史朔闰表》出版后,固定了回历与中公历,为研究中西交通史的治学者奠定了研究基础,也为历史科学工作者提供了极大的研究便利,更为中国年代学开辟了道路。

❀ ❀ ❀

　　坚志者,功名之主也。不惰者,众善之师也。

　　　　　　　　　　　　——(晋)葛洪

不拘一格是人才

国学大师钱穆的故乡在江南水乡无锡的七房桥。在他12岁的时候，父亲去世了。家中穷困不堪，但是母亲含辛茹苦，坚持不让孩子辍学，她说："我当遵先夫遗志，为钱家保留几颗读书的种子……"于是，钱穆才得以继续读书。

他进入无锡荡口镇果育学校以后，由于聪慧好学，得到很多老师的喜欢，其中有一位就是钱伯圭老师。这位老师曾经在上海南洋公学读过书，思想激进，是当时的革命党人。一次，他问钱穆："听说你能读《三国演义》？"钱穆点头称是。老师借机教育他："此等书可勿再读。此书一开首即云'天下合久必分，分久必合，一治一乱'，此乃中国历史走上了错路，故有此态。若如今欧洲英、法诸国，合了便不再分，治了便不再乱。我们此后真该学他们。"

那时,钱穆虽然年幼,但是这番话给了他以极大的震动。日后,他经常提到这件事,说:"余此后读书,伯圭师此数言常在吾心中。东西方文化孰得孰失、孰优孰劣,此一问题围困住近一百年来之全中国人,余之一生亦被困在此一问题内。"

钱穆的初中时代是在常州府中学堂度过的。在这里,他完成了最后的学校教育,此后再没有受过正式的学校教育。一个初中生,如何能在这里成长为大师,这里的教育又是怎样影响了他一生的学术追求呢?

80多岁的钱穆仍清楚地记得在常州府中学堂吕思勉先生给他们上课时的情景。

那是第一堂地理课。

上课铃响了,同学们虽然静静地坐在教室里,但是心里还是有些期盼的。先生长什么样呀?钱穆也在想。有些性急的孩子甚至把脑袋探出了教室。

这时,眼尖的学生,看到了一个年轻男子,身穿灰色长袍,慢慢地走来。

"不会吧!这么年轻的先生?"

"应该不是吧?"

"到底是不是?"

在一片猜测声中,那个年轻人走了进来。

"啊,真是他呀!"

有的孩子撇撇嘴。钱穆也很好奇,真的是个年轻的先生呀!

这个青年男子非常镇定地走上讲台,一手拎着一块小黑板,一边腋下夹着一本厚厚的书。

他就是吕思勉,那一年才23岁。不仅学生们对他有诸多猜测,就是很多老师也对他的能力表示怀疑。这么年轻,能教好吗?

吕先生放好了小黑板,进行了简单的自我介绍和课程介绍。这些都没有引起同学们的注意。然后,他打开那本书。这时,奇怪的事情发生了。吕先生竟然从那本书上取下了一页。

啊,先生把书拆了。这是怎么回事儿?

还没等同学们弄明白,吕先生已经开始讲课了。他把拆下的那页,悬挂起来。

"看,这就是中国的黑龙江省。"

他开始讲课啦!他一边讲课,一边在小黑板上用彩色粉笔画图。

先画一个"十"字形,然后画黑龙江省的四周界线,说明该省的地理位置,再在界线内画山脉、河流、湖泊,说明了该省的地貌特征,然后加注都市、城镇、关卡以及交通道

路等。不知不觉,一课内容讲完了,小黑板上画的地图,五彩缤纷,一目了然。

同学们如同置身于黑龙江省中,兴趣盎然,几乎忘了时间。当下课铃声响起时,钱穆意犹未尽。

下一节是历史课。上课铃响起,同学们发现吕先生又走进了教室。

他走错教室了?原来他们的历史老师也是吕先生。

但是吕先生给钱穆的惊喜远远不止于此。

第一次地理考试到来了。钱穆一看,一共4道题目,每道题25分。按照习惯,他浏览了一下题目。

当他看到第三道题时,非常惊喜,竟然是他最喜欢的吉林省长白山地势军情。他不假思索,开始答这道题。他唰唰地写着,突然,一阵铃声响起,考试结束了。

开始收卷了!钱穆傻眼了,自己只答了一道题呀!钱穆满心沮丧、满心懊恼。

放学了,他不甘心,和几个同学一起,打算去找吕先生,让大家帮他向吕先生求情。25分,太难看了。几个同学来到吕先生的办公室门口。

哦,吕先生在。但是大家你推我、我推你,谁也不敢进去。聪明的钱穆给同伴使了个眼色,大家就趴在窗外偷看。吕先生正在批改试卷。那张卷子,似乎只答了一道

题。正是钱穆的,钱穆心里一惊,使劲地伸着脖子看。吕先生好像正在写批语,好长呀!一张纸,又一张纸,写了很久,吕先生才停下笔,抬起头,发现了钱穆等几个偷看的孩子。他招招手,孩子们乖乖地进去了。

当看到自己试卷上鲜红的75分,还有长长几页的批语,钱穆感动得说不出话来。吕先生说:"这是奖励你的。"

钱穆只能不停地说:"我一定会好好学、好好学的。"

伙伴们都激动得鼓起掌来。

在常州府中学堂,这样的先生不止吕思勉一个。

钱穆还有一位姓徐的数学老师,性格怪异,人称"徐疯子"。一次月考,这位徐先生出了4道题,其中一题为"1-( )-( )-( )-( )……等于多少"。

钱穆左看看,右看看,实在不明白这道题怎么回答。

但是,成绩优异的他不甘心空着题目。

他使劲地思考着,突然想到了《庄子·天下篇》中有这样一句话"一尺之捶,日取其半,万世不竭"。于是,抬笔将答案写为"0……1"。

考试结束了。钱穆等不及徐先生改卷,就跑到徐先生面前,把自己的答案和自己是如何思考的告诉了徐先生,并问:"先生,我这么答对吗?"

徐先生耐心地听完钱穆的解答,马上说:"你回答得很

正确。"

钱穆一愣。考数学,竟然可以这么想?看出了他的疑惑,徐先生摸摸钱穆的小脑袋说:"试试你们而已,答不中也没什么关系。"

钱穆晚年,在《八十忆双亲·师友杂忆》一书中,深情地回忆起自己的初中时代,对于这种重视个性、重视全面发展和不拘一格的教育,依然感慨良多。

这位不拘一格的天降英才、国学大师,一路走来,给我们留下了弥足珍贵的文化财富。

钱穆与燕京大学的建筑命名　1930年,自学成才的钱穆,在顾颉刚的鼎力推荐下,到燕京大学担任国文系讲师。

燕京大学是一所教会大学,校务主要由监督司徒雷登主持。一天,司徒雷登设宴招待新来的教师,询问大家对学校的印象。钱穆直言:"初闻燕大乃中国教会大学中之最中国化者,心窃慕之。及来,乃感大不然。入校门即见M楼、S楼,未悉何义?此谓中国化者又何在?此宜与以中国名称始是。"

事后,燕京大学特开校务会议,经过讨论,最终采纳了

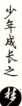

钱穆的建议,将M楼改名为"穆楼",S楼改名为"适楼",贝公楼改名为"办公楼",其他建筑一律用中国名字命名。燕京大学校园中有一片湖水,命名的时候争议不断,最后命名为"未名湖"。

❋ ❋ ❋

丈夫处世,当扫除天下,安事一室乎!

——(南朝)范晔

海的女儿

　　1900年10月5日,冰心出生在福州一个海军军官家庭,7个月后随全家迁至上海。4岁时,她的父亲谢葆璋奉命到山东烟台创办海军军官学校,全家迁往山东烟台。

　　从那天起,烟台的海边就出现了一个精灵般的女孩。

　　看,晴空下,一骑白马飞奔而来,马背上的不是童话书里的白马王子,而是冰心在沙滩上骑马。

　　听,星空下,海军舰艇上的水兵正在听一个稚嫩的声音讲着一个又一个动听的故事,而一颗颗甜甜的糖果,是水兵们给小天使最贴心的礼物。

　　瓜棚下,是父亲给她讲故事的地方;山顶上,是她被狼追赶过的惊险地;阳台上,是她和伙伴们吹泡泡、聊天的欢乐场。

童年的冰心在海边留下了许多难忘的回忆。

一天,调皮的小冰心跑到山顶的旗台上玩。

她钻上、爬下,玩得不亦乐乎。风在耳边吹着,好像比山底下更猛烈些;蓝天上的白云飘着,好像离自己更近些。这里的花更鲜艳,这里的草更绿,这里的树更挺拔,这里的蝴蝶更调皮,怎么也追不到。

不知不觉,太阳落下去了,月亮爬上来了。

冰心还在山顶上玩耍,她一点也不怕黑,也不觉得饥饿,因为她还要等着看萤火虫打着小灯笼出来呢!

可她不知道,这个时候家里已经翻了天。

小冰心不见了,房间里没有、花园里没有、海边没有,沙滩上也没有。

这个孩子到哪里去了?

焦急的父亲寻不到她,就在山下不停地呼唤。

阵阵呼喊声传来,小冰心听见后,忘记了萤火虫,忘记了山路崎岖,她回应着爸爸的呼唤,奔下山去,一头扑进了父亲的怀里。而疼爱她的父亲,没舍得责备她。这深挚的爱意,冰心一直铭记在心。

小冰心一直很爱听故事。为了鼓励她努力学习,舅舅

对她说:"好好做功课吧,做完了功课,晚上我给你讲三国故事。"

太好了,小冰心最喜欢三国故事了。为了每晚都能听三国故事,小冰心学习更认真了,功课总是做得又快又好。

但是,过了几天,小冰心就不开心了。因为舅舅有许多公事要做,常常只能讲半小时就走。

故事的下文到底是什么呀?这场仗到底是谁胜利了呢?

小冰心实在等不及了,拿起舅舅的《三国演义》自己看。7岁的她,很多字都不认识,硬着头皮,连猜带蒙。慢慢地,居然理解了书中的内容,而且越看越入迷,竟然把《三国演义》看完了。

这下可是开了一个好头。她一头钻进了书本里,从早到晚,手不释卷。妈妈担心她年龄太小,伤了脑子,毁了眼睛,总是劝她少读一会儿,多玩玩。但是,冰心哪里肯听呢?

母亲让小冰心洗澡。这不,时间过了很久,小冰心还没有出来。母亲不放心,该不是又在偷看书吧!母亲悄悄地进去看看。唉!那本她明明藏得好好的《聊斋志异》竟然又被小冰心找到了,只见她衣服穿得好好的,根本没有

要洗澡的意思,而此时洗澡水早就凉了。

母亲生气了,一把夺过她手中的《聊斋志异》,撕成两半,扔到墙边。小冰心吓了一跳,看看生气的母亲,又看看那本心爱的书,竟然悄悄地、胆怯地挪到墙角,捡起那本书,又接着读了下去。生气的母亲看到她这样,反而笑了,拿这个孩子没办法呀。

不久,冰心开始学习《论语》《左传》了。她不仅能够背诵很多著名诗篇,还饶有兴致地开始学对对子。一次,老师与她练习对对子。老师刚说:"鸡唱晓。"冰心脱口而出:"鸟鸣春。"老师接着说:"榴花照眼红。"冰心从容应道:"柳絮笼衣白。"老师非常开心,忍不住连连夸赞她。

祖父谢銮恩看到冰心读书又认真又有天分,是个有出息的孩子,从心里感到欣慰。不过,老人从来没有当面夸奖过她。

一天晚上,祖父对小冰心讲起了贫寒的家世,并语重心长地对小冰心说:"你是我们谢家第一个正式上学读书的女孩,你一定要好好地读啊!"小冰心睁大了眼睛,望着平日里非常严肃的祖父,使劲地点了点头。她第一次觉得女孩子能读书真的是一件不平凡的事情,自己要更加珍惜。

但是,读书不是冰心童年生活的全部。有一年夏天,冰心随父亲到海边散步。冰心要父亲谈谈烟台的海。

这时,父亲告诉她:中国北方海岸好看的港湾多的是,比如大连、青岛等,都是很美的,但都被外国人占领了,都不是我们中国人的,只有烟台是我们的。我参加过甲午海战,是威远战舰上的枪炮副。开战的那一天,站在我身旁的战友,很多都牺牲了。这些事,都像发生在今天一样,常出现在我的眼前。

海水翻滚着,小冰心似懂非懂地听着。她突然发现,波涛汹涌的大海,仿佛蕴含着巨大的力量,父亲的爱国之情、强国之志让她一直很难忘。

海的女儿最终成了中国现代文学星空中一颗闪亮的星星,用她爱的哲学温暖着无数人的梦田。

知识链接

《寄小读者》 《寄小读者》是冰心在1923年至1926年写给小读者的通讯。

1923年,《晨报副刊》开设了由冰心倡议的《儿童世界》专栏,刊登了她撰写的《给儿童世界的小读者》。此后

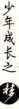

至1926年，冰心共撰写了29篇通讯、10则《山中杂记》。1926年5月，结集成《寄小读者》一书，由上海北新书局出版。

《寄小读者》一书以通讯的形式谈论作者的赴美见闻，充满对遥远故国的眷念，对母爱、童心的赞美，对大自然的歌颂，对人生的咏叹，以及对国内军阀混战的愤慨。

✵ ✵ ✵

　　成功之花，人们往往惊羡它现时的明艳，然而当初，它的芽儿却浸透了奋斗的泪泉，洒满了牺牲的血雨。

——冰心

"背榜生"考了头榜

苏步青是中国乃至世界知名的数学家,可谁能想到,他小时候竟然曾经考过"背榜"。苏步青从小聪明过人,父母对他寄予很高期望,把他送到平阳县的"最高学府"——平阳第一高等小学上学。这里的学生大多数是富家子弟,穿着粗布衣服的苏步青在这里显得格格不入。在这里,他第一次吃到了有肉末的馒头;在这里,他第一次听到了不是家乡话的官话;在这里,他第一次发现街上有很多好玩的店铺……他觉得这些既新奇,又陌生。

懵懵懂懂地过了第一个学期,懵懵懂懂地参加了考试。那天,他正在校园里独自玩耍,突然,一个同学叫着他的名字:"苏步青,苏步青,快去看,你得了背榜。""背榜?

背榜是什么呀?"

苏步青不明白,等他站在成绩榜前,看到自己的名字排在所有人的后面,是最后一名。苏步青这才明白最后一名就是把所有的人背在背上,所以叫"背榜"。

孩子们看着苏步青哄笑道:"背榜,背榜。苏步青是笨蛋,苏步青是笨蛋。"

从这天起,全校的孩子几乎都知道了苏步青的绰号——笨蛋。

苏步青的自尊心受到了极大打击,不愿上学,甚至不愿学习。在第二个学期的期末,他再次得了"背榜"。

为了帮助儿子重拾信心,在新学期,苏步青的父母将苏步青转到了平阳县立第三高等小学。这是一所新开办的小学,离家近一些,而且大多数老师讲的是苏步青所熟悉的家乡话。

在爸爸的劝说下,苏步青勉强去上学了。

开始的时候,苏步青是努力学习的,渐渐地交上了好朋友,也变得开朗起来了。

有一次,苏步青写了一篇作文。但是,语文老师越看越不相信,觉得是抄袭的,就把他叫到办公室质问。

苏步青气坏了,自己的作文写得好,是因为他小时候在放牛的时候,经常到村里的私塾外偷听,耳濡目染。而且上学后,自己也读了不少文学书,作文自然写得好。但是,老师竟然冤枉他。他便和老师顶撞了几句,老师一气之下拿起红笔,给苏步青的作文批了个"毛"(意思是差)。

苏步青气坏了,狠狠地把作文本摔到一边,赌气地说:"我好也是不好,从今天起,国文课不上了。"

此后,每逢上国文课,他便不到教室去,一个人躲在清静的地方看课外书。有的时候看得入迷了,其他的课也忘了上。一个学期下来,他又得了个"背榜"。

看着儿子的成绩,爸爸急了,问儿子为什么。于是,苏步青交代了事情的始末。苏爸爸立刻赶到学校,找到了语文老师,告诉老师苏步青是怎么读书的、是怎么写作文的,并且告诉老师,苏步青即使成绩不好,也绝不会抄袭。语文老师得知真情,坐不住了,他立刻和苏爸爸一起赶到了苏步青家。

家里没有人,一问,原来苏步青放牛去了。

远处,一个少年斜倚在牛背上,举着一本书。走近一看,正是苏步青,他正在一边放牛,一边读着《三国演义》。

青山绿水,牧童读书。

语文老师感动极了、惭愧极了,便疾步走上去,大声说:"苏步青同学,我对你了解太少,错怪你了。你肯定是自己写出的那篇好作文。我错了,你能原谅老师吗?"

苏步青吓得滑下了牛背,红了脸,吭吭哧哧地说:"老师,我也不对。"

师生二人,席地而坐。语文老师说:"你作文这么好,又聪明,只要努力,其他功课肯定能学好。来,咱们一起读书。"不知什么时候,苏爸爸把牛牵走了;不知什么时候,太阳已经落山了。

又开学了,苏步青开心地上学去了。

第一天,教地理的陈老师把苏步青叫到办公室,给他讲了牛顿读书时的故事,并说苏步青是个聪明的孩子,只要肯努力,一定可以考第一名。

苏步青低下了头,不说话。

陈老师又说:"你爸爸省吃俭用,希望你把书念好。像你现在这样子,将来拿什么来报答他们?"

苏步青再也忍不住了,想到老师们的鼓励、父母的期望,他流下了眼泪,觉得自己错了。

此后,他变成了懂事、好学的孩子,刻苦读书,不再贪玩。别的同学读一遍课本,他读三遍五遍;别人做一道题,

他做十道百道;别人读一篇篇课文,他读一本本书。

他在期末考试中得了全班第一名,而且连续几个学期,他都是班里的第一名。

成绩优秀的苏步青,考入了浙江省立第十中学(现称"浙江省温州中学")。

第一堂是数学课,讲课的老师是从日本留学回来的。让苏步青惊讶的是老师没有从数学定理、公式讲起,而是语重心长地对学生们说:"当今世界,弱肉强食。世界列强仰仗船坚炮利,对我国豆剖瓜分,鲸吞蚕食。中华民族亡国灭种的危险迫在眉睫。为了救亡图存,必须振兴科学。数学是科学的开路先锋,为了发展科学,必须学习好数学。"苏步青被老师忧国忧民的真情打动了,他不再简单地为了自己的父母而读书,而是要为中国的强大而读书。

从此,他不仅认真读书,而且更加动脑钻研。一次,为了证明一条几何定理,苏步青竟然用了20种不同的方法,一下子震惊了整个学校。校长洪泯初把苏步青叫到办公室,拍着他的肩膀说:"好好学习,将来送你出国留学。"当苏步青中学毕业时,洪校长虽然已调到北京教育部任职,但是他没有忘记自己的诺言,亲自寄来了几百元,资助苏步青到日本留学。

于是，年仅 17 岁的苏步青买了一张去日本的船票。在日本留学的前 3 个月里，为勉强度日，他只能一天吃一顿饭，又要租房子住，实在没有钱再请日语老师。但是，他灵机一动，经常帮房东太太做家务，顺便学习日语。就这样，在面试时，苏步青用流利的日语回答了主考官的问题，并以第一名的成绩考入了日本名牌学校——东京高等工业学校电机系。

1924 年，他又以第一名的成绩考入日本东北帝国大学数学系，师从著名几何学家洼田忠彦教授。

1927 年，大学毕业后，他免试升入日本东北帝国大学研究生院，成为研究生，接连发表了 41 篇仿射微分几何和射影微分几何方面的研究论文，开辟了微分几何研究的新领域，被数学界称为"东方国度上升起的灿烂的数学明星"。

1931 年 3 月，他以优异的成绩荣获该校理学博士学位，成了继陈建功之后获得本学位的第二个外国人。

当他毕业的时候，很多机构想聘用他，但他都拒绝了。苏步青曾经和陈建功约定："你先去，我毕业后再来。让我们花上 20 年时间，把浙大数学系办成世界第一流的数学系……"

苏步青回国了,回到了浙江大学。他自己曾回忆说:"当时,国内教学的条件很差,工资都发不出。我在代理校长的帮助下,克服困难,坚持教学和科研工作。我和陈建功先生开设数学讨论班,用严格的要求,培养自己的学生,即使在抗日战争期间,学校西迁贵州,我们被迫在山洞里为学生举办讨论班。当年的学生,如今都已成了卓有成就的数学教授,如张素诚,中国科学院数学研究所研究员;白正国,杭州大学数学系教授;吴祖基,郑州大学数学系教授;熊全治,美国里海大学数学系教授……"从1931年到1952年,苏步青在浙江大学培养了近100名学生。其中在国内10多所著名高校中任正副系主任的就有25位,有5人被选为中国科学院院士,再加上新中国成立后培养的3名院士,苏步青共培养了8名院士。

1942年11月,英国驻华科学考察团团长、剑桥大学教授李约瑟参观了浙江大学理学院数学系,并连声称赞道:"你们这里是东方剑桥。"德国著名数学家布拉须凯称苏步青是"东方第一个几何学家",更有国外的数学家称他和同事们为"浙大学派"。

苏步青的求学精神鼓励着无数青少年。他的故事告诉大家:只要为梦想奋斗,梦想就会实现。

苏步青旧居 苏步青旧居位于浙江省平阳县腾蛟镇腾带村大溪边,背倚青芝山(卧牛山)。

苏步青旧居是祖上遗留下来的木构平房,始建于晚清,共有5间。苏步青在这里出生,并度过了少年时光。旧居的西面,种有古藤;房子的前面,种有一棵奇树,是榕树抱枇杷;后院有一口水井,冬暖夏凉。前庭开阔,后院幽深,是典型的浙南村居民舍。

❋ ❋ ❋

为学应须毕生力,攀登贵在少年时。

——苏步青

自幼钻研石头的地质学家

这是湖北黄冈一个贫穷的小村庄——回龙山,孩子们在村边的空地上玩着捉迷藏。

一个孩子的眼睛被蒙上了:"一、二、三……"

孩子们开始躲藏了,有的藏在大树上面,有的藏在杂草丛里,有的藏在干草垛边。

时间到了,开始找躲起来的人了。

被布蒙上眼睛的孩子一把扯下蒙在眼睛上的布,毫不犹豫地走到一块大石头后面,果不其然,小仲揆又躲在这里了。

"哈哈,抓住了!"

大家开心地玩着。最后,玩累了,大家横七竖八地躺在空地上。微风清凉地吹着,阳光暖暖的。

"小仲揆,你就不会换个地方躲嘛!就是傻子也能抓到你,总是躲在那块大石头后面,你不烦呀!"

"不烦,不烦,我喜欢。"小仲揆丢掉叼在嘴里的嫩草棍儿,翻了身,痴痴地看着那块大石头。"哎,你们说,为什么这块平地上会有这么一块大石头呢?"

"又问了!你问过多少遍呀,石头从哪儿来的?本来就在那里呀!我爸爸、我爷爷、我祖爷爷,都是这么说的。"

小伙伴们不耐烦了,一哄而散。这个困惑他很久的问题,让他再也忍不住了。小仲揆去问村里有名的见多识广的老人陈二爹。

"陈二爹,您说空地上的那块大石头,它是从哪里来的呢?"

"啊!那块怪石头?人们都说它是从天上掉下来的。"陈二爹一边吸着烟袋,一边回答。

"天上?这么大一块石头,怎么可能呢?"小仲揆仰起头,天空晴朗,万里无云,更别说一块石头了。

到底是怎么回事呢?小仲揆又去问爸爸:"爸爸,陈二爹说空地上的那块大石头是天上掉下来的,是真的吗?"

父亲沉吟了一下,说:"有可能,天上的流星落到地上,就变成了石头,那叫'陨石'。"

"那这块大石头真的是流星变的吗?它多大呀!"小仲揆还是难以置信。这块石头不像本来就在那里的,小仲揆仔细观察过,它长得跟周围的其他石头不一样。可是,到底它从何而来呢?

这个问题,困惑了小仲揆整个少年时代,直到后来离开了故乡,他也一直没有找到答案。

20多年后,小仲揆成了地质学家李四光。1933年,他回到故乡,对这块大石头进行了考察,推断出它是一块冰川漂砾。进一步考察后,他还发现这一带都广泛地分布着砾石和黏土堆积物。由此开始,经过深入广泛的考察,李四光还发现了我国扬子江流域广泛存在着第四纪冰川的遗迹。

这个困惑他四分之一世纪的大石头问题,终于有了满意的解释和科学的答案。

那么,小仲揆是如何变成李四光的呢?

因为他排行老二,他的父亲李卓侯给他起了个名字:李仲揆。

1902年,在洋务派首领、湖广总督张之洞的领导下,湖北开始大量兴建新式的中小学堂,除了教授传统的四书五经,还传授科学技术知识。

这一消息很快传到了黄冈,小仲揆跃跃欲试。李卓侯一直期望送二儿子上学深造。听到了小仲揆的请求,他寻亲访友,四处借钱,为儿子凑齐了出门的费用。

第二天,小仲揆穿着妈妈连夜缝的棉袄,背着简单的行囊,怀揣爸爸借来的钱,告别父母,走出村庄,直奔省城武昌。

这个第一次独立出门的少年,一路打听,晓行夜宿,终于找到了武昌城里的湖北省学务处。

啊!这么多人,不少人都跟着父母亲一起来,有的还带着仆佣。

小仲揆单身一人,从来没有见识过这么大的场面,心里有点慌张,好不容易挤进了报名处。

一张表格递到了他面前。这是什么?哦,报名表。什么是报名表?他从来没有见过。

上面有好多栏目,什么姓名、籍贯、年龄……

人很多、很挤,小仲揆有些慌张,刚要填写,旁边就有人催促他快点。他一急,糟了!他把年龄填到姓名一栏里,写了"十四"两个字。他想起来了,那个办事员说不会再给表,因此不能填错。小仲揆发现写错了,心里一惊,急出一头冷汗。

但是聪明的他擦了擦汗水,平静了一下。他把"十"字加上一个"八",再加上一个"子",改成了他的姓——李。

于是,姓名成了李四。李四,太难听了吧。

小仲揆有些不甘心,正在琢磨着,抬头一看,看到了前面大厅正中挂的横匾上"光被四表"四个字。有主意了。他在"四"字后面加了个"光"字。

这样,姓名栏里出现了"李四光"三个字。

后来,李四光参加了入学考试,取得了优异的成绩,被武昌五路高等小学堂的西路学校录取。

1904年,学习优秀的李四光官费赴日本留学,攻读大阪高工船用机关科。在日本,他在学习之余更关心中国的兴亡,成为孙中山领导的同盟会中年龄最小的会员。孙中山赞赏李四光的志向:"你年纪这样小就要革命,很好,有志气。"并送给他八个字:"努力向学,蔚为国用。"

秉持着这样的理想,李四光坚定了科学救国的想法。1913年7月,李四光获官派出国机会,远赴英国伯明翰大学继续深造。

当时,政府发放给留学生的路费是金条,需要到银行兑换成钱币。当李四光来到银行兑换的时候,由于他衣衫褴褛,非但没有兑换成,反而被怀疑是窃贼,被银行抓了起来。他反复解释,但是银行看他实在不像是要出国的学生,穿得那么破,于是根本不听他解释,把他关在了一间破屋子里。第二天,又冷又饿的李四光才被焦急寻找他的同学接了出来。同学们心疼他又埋怨他:"就不会先买几件好衣服吗?"李四光笑了笑,没有吭声。原来他已经将一部分路费节省下来,供留在村里的弟弟妹妹、亲戚乡邻的孩子们读书使用。

在英国留学6年,李四光不知疲倦地努力学习。上课、读书、上课,在别人眼里,是单调而痛苦的,但对他而言,是充满乐趣的。"一战"爆发了,李四光的学习不仅被打乱了,而且生活也越来越困难。许多留学生无法忍受,纷纷离开。但是,李四光留下来了,不仅坚持学习,还跑到矿山做临时工,赚钱维持学业。1918年5月,李四光用英文写成了一篇长达387页的论文——《中国之地质》,并提交给伯明翰大学地质系。1918年6月,他通过了论文答辩,被伯明翰大学授予自然科学硕士学位。

1920年5月,李四光结束了求学岁月,接受了北京大学校长蔡元培先生发来的聘书。

慢慢地,北京大学地质系的学生们发现李四光是位

严师,即使是一块小小的岩石,也要学生用肉眼去识别、用显微镜去鉴定。考试时,这位老师竟然发了几块岩石,让大家写出标本的名称、矿物成分、生成条件以及与矿产的关系……另外,学生们要跟着老师进行野外考察,一边看,一边采集标本。不过,学生们在看到自己亲手采来的标本陈列在实验室时,别提有多骄傲了。

在国外留学期间,他亲身感受到了他国的歧视,从而产生了强烈的民族自尊心。他教导学生:"我国有丰富的地质资源,我们不能依靠别人来开发,要靠我们自己去改变落后的局面。"后来,"李四光"这个名字先后出现在中央大学(今为南京大学)代理校长的聘任书上、中国地质大学第一任校长的聘任书上、中国科学院院士名单上……

李四光首创地质力学,是我国现代地球科学和地质工作的奠基人。同时,他不仅摘掉了中国"贫油"的帽子,还推翻了"地震不可知论"。"李四光",这个著名地质学家的名字,被载入了中国乃至世界科学史册中,而他真的就像他自己所说的,"我是炎黄子孙,理所当然地要把学到的知识全部奉献给我亲爱的祖国"。

地质力学 地质力学是地质学中运用力学的观点研究地壳构造以及探索地壳运动规律的一门分支学科。其为中国地质学家李四光于20世纪20年代初所倡导。

❋ ❋ ❋

雄心壮志是茫茫黑夜中的北斗星。

——[美]勃朗宁

钟情于书的钱钟书

无锡,一个古香古色的院落,一间温暖而萦绕着书香气息的屋里,众多东西被摆在红绒布上,玩具、兵器、算盘、糖果、书……一个孩子眼睛骨碌碌地转着,大人们轻声地鼓励他:"抓吧!""抓呀!""仰先,抓吧!"

今天,钱基博的儿子周岁了。兄长钱基成没有儿子,按照惯例,这个孩子一生下来就要过继给伯父钱基成。在他降生的时候,伯父依《常州先哲丛书》为他取名仰先,字哲良。

大家围在一起,看这个刚刚周岁的孩子,会抓什么?

面对这么多东西,孩子一把抓住了一本书,咯咯地笑了起来。钱基成笑了,看来这个孩子钟情于书呀,期望他能够与书结缘,终生爱书。他高声说:"这个孩子就叫钟书吧!"

这个孩子就是钱钟书,后来成了中国现代著名作家、文学研究家。

一天傍晚,暮色慢慢地笼上来了。一盏点亮的灯笼在路上缓缓移动着,提着灯笼在走的人是钱基成。他一边东张西望,一边回答着路边人的搭讪。

"又在找钟书呀。"路边的人见怪不怪地说。

"是呀,天晚了,这个孩子还没回家呢。"钱基成随口应着,眼睛盯着路边的书摊,肯定又在看书。

每天早上,伯父上茶馆喝茶、听说书、料理杂务,钱钟书都跟着一起去。伯父用一个铜板给他买一个大酥饼吃;又用两个铜板,向小书铺子或书摊租一本小说给他看。钟书吃了酥饼就看书,直到伯父叫他回家。

但是这个孩子今天到底去哪儿呢?

"您别担心,他肯定又在哪个书摊看书呢!"有人跟他的想法一样。

一个邻居走过来,尊敬地说:"钱先生,您别着急!钟书就在街东头第三个书摊上,从下午就没有动窝,一直在看书。您去那肯定能找到。"

"好,谢谢您。这个孩子呀,读书着迷也要想着回家吃饭呀!总让大人着急。"钱基成一边道谢,一边埋怨着,匆匆地赶往那个书摊。

果然,钱钟书缩在那个书摊的一角,整个人几乎趴在书上了。

钱基成一把夺过书,还给摊主,拉起钱钟书就走。

钱钟书还沉浸在书本中,嘟嘟囔囔地问着,那个谁、那个谁,到底最后怎样了。钱基成如同往常一样,奋力地拖着他,唠唠叨叨地数落他。

夜色中,路人没有惊讶地停下来看他们,因为这个场景几乎天天出现。

钱钟书看书飞快,一两天就看完一本。看完书总是会做出评论,还能讲出细节,书中的人物故事看过一遍就能记住。

家里的弟弟妹妹都特别喜欢这个兄长,因为他看过小说之后,经常能马上回家讲给大家听,小说中绿林好汉用的各种兵器,每种的分量他都一清二楚。

听,他又在开讲了:李元霸一锤子把对手的枪打得弯弯曲曲……大家听得很入迷,从《三国演义》到《说唐》再到《西游记》……孩子们听得如痴如醉。

他读书的时候,对什么都不计较,放下书本,总是说一些在大人眼中不着边际的胡言乱语。

他缠着大人问,《三国演义》里的关公如果进入《说唐》,他的青龙偃月刀只有80斤重,怎能打过李元霸那对

800斤重的锤子呢？可李元霸那对锤子到了《西游记》里，又怎能比得上孙行者的金箍棒呢？

听了这些古怪的设想，大人们哭笑不得，但都惊叹小小年纪的他，读书过目不忘，而且有自己的想法。

他不像母亲那样沉默寡言、严肃谨慎，也不像父亲那样一本正经，反而特别爱说话。父亲给他取了字，叫默存，是期望他能够少说多想。

钱钟书记得书中人物兵器的分量，但是记不住自己的生日；他分得清书中的每一个细节，但是分不清左右；他的英文从不及格到班里排第一，但是常常前后颠倒地穿套脖毛衣。

在美国人办的学校里，因为钱钟书英文好，所以被任命为班长。

作为班长，体育课上喊口号是一项重要的任务。但是，钱钟书可闹出了笑话。

当他喊左转的时候，全班左转，他自己右转。

当他喊右转的时候，全班右转，他自己左转。

再喊，他自己迷迷糊糊，不敢动了。老师以为他记不清英文单词中的左右，但是仔细一问，才知道钱钟书是分不清自己的左右脚。虽经反复教导，他依然分不清。持续了两周的混乱，老师受不了了，撤销了他的班长职务。钱钟书如释重负，终于解脱了，再也不用为了分清左右困惑

了,跟着大家就行了。

放假了,钱钟书父亲远在清华大学教书,无暇管他。于是,他快乐地开启了自己的自由读书生涯。《小说世界》《红玫瑰》《紫罗兰》……他借了大批的刊物,开开心心地读起来。

父亲回家了,第一件事是命钱钟书及其堂弟钱钟韩各写一篇文章。

一直老老实实读经典古书的钱钟韩所写的文章颇受夸赞。再看钱钟书的文章,写得不文不白,用字庸俗。父亲气得把他痛打了一顿。

这顿打让钱钟书醍醐灌顶,开始阅读《古文辞类纂》《骈体文钞》《十八家诗钞》等大型选本。这一阶段的系统阅读,是他一生治学之始。

在钱钟书考入清华之前,他已成了父亲得意的儿子。当时,商务印书馆出版钱穆的一本书,上面有钱钟书父亲的序文,其实那是钱钟书代写的,一个字也没有改动过。

进入清华大学以后,钱钟书沉浸于文学的海洋中,尽情地遨游。很多人都惊叹他过目不忘,其实这一切都源于他钟情于读书。

他给自己规划,一个礼拜读中文书,一个礼拜读英文书。每个礼拜六,把读过的书整理好,抱去图书馆还,再抱一堆回来。而且,他读书不是一目十行、走马观花,而是真

下功夫,认真做笔记。做笔记虽然非常费时间,但钱钟书乐此不疲,从来不嫌麻烦。他对精读过的每一部书都会反复评点,有的连两头和页边都写满了,再也找不到一点空地方。他说:"一本书,第二遍再读,总会发现读第一遍时有很多疏忽。最精彩的句子,要读几遍之后才发现。"每次进入线装书库,他都会拿着铅笔和笔记本,不断地翻阅书籍,不断地抄录、做笔记。阅读数量之大,从借阅卡就可以看出。多年以后,人们发现许多线装书的借阅卡上就只有他一个人的名字,于是,清华盛传着钱钟书"横扫清华图书馆"的美名。

钱钟书的清华同班同学仅有30人,但是名人辈出,如以戏剧创作出名的万家宝(曹禺),以小说创作闻名的吴组缃,以书评闻名的常凤(笔名常风),翻译家石璞、颜毓衡……其中,钱钟书就得到了"清华之龙"的雅号,曹禺被喻为"虎",颜毓衡被喻为"狗",他们被并称为清华外文系"三杰",但最受师长赏识,特别是受到叶公超、温源宁、吴宓等名家赏识的,还是钱钟书。1931年10月,温源宁拟请钱钟书到英国伦敦大学教中国语言文学。钱钟书当时还是一个学生,这个消息简直轰动了清华大学。钱钟书给父亲写信征求他的意见。父亲一方面为钱钟书高兴,一方面又担心儿子锋芒过露、有伤恕道,于是回信给钱钟书,让

他"勿太自喜",说:"子弟中自以汝与钟韩为秀出,然钟韩厚重少文,而好深沉之思;独汝才辩纵横,神采飞扬而沉潜不如……然才辩而或恶化,则尤可危。"

无论是当学生,还是做教授,钱钟书都惜时如金,嗜书如命。他不看电影、不看戏,正如他的夫人杨绛所说:"他这一生只要有书可读,便别无他求。"

有一天,他和他的一位学生逛书店。他对身边的学生说:"你在这儿如能找到一本书我没读过,我就不算是你的老师。"学生想,不会这么神奇吧,于是就在书店里专找那种从没听说过的冷僻书,然后问他:"您看过这本没有?""那本,什么,什么,您看过没有?"……噼里啪啦,一大堆书,学生都糊涂了。但是,钱钟书却能立刻说出此书是哪一朝代、何人所作,书中的内容是什么,竟然一点不错。不仅是学生,就连书店里的店员、顾客都纷纷惊叹。

钱钟书在学术界日渐成名,很多人都来拜访他,他却闭门不见。曾经有一个英国女士打电话,跟钱钟书说非常喜欢他写的文章,想到他家中拜见。他在电话中说:"假如你吃了一个鸡蛋觉得不错,又何必要认识那只下蛋的母鸡呢?"此事一时被传为美谈。

钱钟书一生读书、爱书、写书,真可谓钟情于书,名副其实。

知识链接

"好读书"奖学金 2001年,钱钟书先生的夫人杨绛女士将她与钱钟书先生2001年上半年所获稿酬现金72万元及其后出版作品获得报酬的权利,捐赠给母校清华大学,设立"好读书"奖学金,以帮助家庭经济困难的学生学习。

钱钟书和杨绛提倡的"好读书"中的"好"字非常有意义,即读书首先应成为一种"爱好"或"嗜好"。

❋ ❋ ❋

读书有三到,谓心到、眼到、口到。

——(宋)朱熹

"小羊圈"胡同走出的大作家

  正红旗护军永寿,面黄无须,穷得家徒四壁,但仍不忘自购兵器和战马,在八国联军攻打北京城时,顽强地守卫京师正阳门。1900 年 8 月 15 日,在侵略军的隆隆炮火中,永寿最终殒命城下。这一天,他的小儿子舒庆春刚刚 1 岁零 8 个月。从此,舒庆春就由寡母马氏独自抚养了。

  舒庆春出生在"小羊圈"胡同,位于新街口大街路东。这是一条不被人注意的小胡同。

  虽然生活贫苦,但是舒庆春在这里度过了美好的童年。虽然不善言语,没有像样的玩具,但是他爱这个小院子、小胡同,爱自己的妈妈、善良的邻居、童年的玩伴。他曾很多次饱含深情地说:"那里是我的家,我生在那里,长在那里,那里的一草一砖都是我的生活标记。"

一晃长到7岁,上学读书对舒庆春来说,是想都不敢想的事。舒庆春想到自己可以像其他穷孩子一样,到店铺里做学徒,或挎个篮子到街边做个小买卖,总能贴补点家用。但每次对母亲一说,就被她打消了念头。母亲总是说,人活着首先得顾及脸面。

一天,舒家来了一位信奉佛教的世交刘大叔。刘大叔看到舒庆春聪明伶俐,非常喜欢,就问马氏孩子上学了没有。看到马氏欲言又止的样子,刘大叔立刻就明白了。他对马氏说:"明天早上我来带他上学,学钱和书籍,您都不用管。"马氏略有迟疑,但还是点头同意了。舒庆春得知自己真的能上学,高兴极了,在这一天余下的时间里,一次次猜疑自己是不是在做梦。直到第二天刘大叔如约而来,舒庆春才安下心,带着满心欢喜和一丝胆怯开始了他的学生生涯。刘大叔乐善好施的恩德让他感念一生。

刘大叔带舒庆春进入的学校,是北京新街口正觉寺胡同内的私立慈幼学校。学校是刘大叔资助开办的,校长是刘大叔的朋友,也姓刘,同样信奉佛教。正觉寺的后殿就是学校的教室,全校仅有几十名学生、两位老师。学校仿照东洋式学制,开设了汉语、修身、写字、作文、算术、珠算、图画、唱歌和体操等科目。另外,学校不分年级,不设毕业期限,修业结束也不发肄业证明。这所学

校实际上是一所改良后的私塾。

舒庆春在这里读了两年书,各门成绩都是优等。由于他学习刻苦、为人诚实正直,他成了校长的得意弟子。校长像爱护自己的子女一样爱护他,不仅在学习上严格要求他,还经常到他家走访,嘘寒问暖。为帮助舒家走出困境,校长还把舒庆春的三姐介绍给了在清史馆工作的朋友。

1908年,尽管刘大叔已经用尽了大半家财,但是仍资助10岁的舒庆春转入了京师公立第二高等小学堂。辛亥革命的爆发直接影响了舒庆春,因为第二高等小学堂革命后被改成了第四女子学校,舒庆春作为原第二高等小学堂的男生,需进入第十三小学校就读。无论在哪里读书,舒庆春都非常勤奋。学校到家有1 500米的距离,他每天中午要赶回家吃饭。但是,家里经常有揭不开锅的时候,匆匆赶回家,只能看到母亲充满歉意的眼神,他只好和母亲打个招呼后,又匆忙赶回学校上课了。尽管勤奋刻苦,但小学期间,他已经出现了偏科现象:国文、写作、演讲都非常好,但算术和图画总是不理想。

一次,国文老师出了一道《说纸鸢》的作文题,舒庆春想到约了好朋友煜年放学后一道去放风筝,就不假思索,一挥而就。但看到旁边的煜年还在苦苦构思文章的开头,不知何时才能完成作文,就悄悄对煜年说:"我给你开个头

吧！"很快，作文交上去了。放学了，舒庆春和煜年跑到附近空场上放起风筝来，真是惬意极了。

第二天上国文课时，老师在课堂上对煜年的作文开篇赞不绝口，并为学生大声朗读："纸鸢之为物，起风而畏雨。以纸为衣，以竹为骨，以线牵之，飘扬空中……"诚实的煜年被老师夸得不好意思了，就向老师坦白说，开头是舒庆春写的。老师非但没有恼怒，反而更加高兴了。他捻着胡须说："我在北京教书多年，舒庆春的文章富有奇思妙想，时至今日，教过这么多学生，觉得作文居然没有能超过他的。"

14岁时，舒庆春小学毕业了。家里债台高筑，连祖传的坟地都典当出去了。母亲也不再顾及脸面，到第四女子学校当了一名工友。尽管如此，母亲还是不顾亲友的劝说和反对，让舒庆春继续上学。

舒庆春考入了京师第三公立中学。可刚刚过了半年，他就觉得花销太大，难以承受。他听说民国教育部已经把从前的京师第一师范学堂改成北京师范学校，将对考取该校的学生实行学膳全部公费的政策。于是，他瞒着母亲，报名参加了入围考试，并通过了体检、初试、复试，终于成了50名被录取者之一。

当他把消息告诉母亲时,母亲非常惊喜。但临入学时,师范学校规定,每名新生必须先交10元钱的"保证金",这让舒庆春非常气馁,因为对他而言,这简直是天文数字啊!结果是母亲起早贪黑多打了半个月的短工,过门不久的嫂嫂把从娘家带来的两个箱子变卖了,这才凑足了10元钱。

北京师范学校实行寄宿制。在师范学校,食宿、教学全部公费,连制服、帽子、大衣、皮鞋和文具都由学校定期发放。在层层选拔的优等生中,舒庆春的学习依然保持上等,在文学方面的表现更加突出。也正是在这一时期,他开始较为系统地学习了儒家传统文化,用心领会了桐城派的散文、陆游的诗歌。他的作文,常常被同学们当成范文,毛笔字被老师评价为"大气包举",仅刊登在当时《北京师范学校校友杂志》上的旧体诗和文言散文就有10篇。

学校虽然离家不远,但是纪律很严、学业很忙,舒庆春无法随时侍奉在母亲身边,因而非常思念母亲。有一年除夕,因政府倡导用阳历,学校传统春节不放假,舒庆春只向学校请了两小时假。母亲见到他时非常高兴,但听到他马上要返回学校,不觉愣了半晌,赶忙从桌上的盘子里抓了把花生塞进儿子手里,并说:"去吧,小子。"舒庆春泪眼模糊地跑回学校。他深知,要对得起母亲,就要不断地前进。

1918年6月，舒庆春以第5名的成绩从北京师范学校毕业，并成为这届毕业生中仅有的8个被直接任命为小学校长的学生之一。他赶忙跑回家，将自己当上小学校长的喜讯告诉母亲，并激动地对母亲说："以后，您可以歇一歇了。"操劳了大半生的母亲潸然泪下……

就这样，19岁的舒庆春担任了方家胡同市立小学校长。后来他走出了国门，被聘为英国伦敦大学东方学院中文讲师，同时开始了他的文学创作。

早在上北京师范学校的时候，他就为自己起了一个别名，叫"舒舍予"，把自己的姓拆成两半，成为"舍予"二字，意思是放弃私心和个人利益、奉献自己。后来，他又取"舍予"中的"舍"，前面加上一个"老"字，成为"老舍"。1926年，他正式署名为"老舍"，发表了长篇小说《老张的哲学》。正红旗下的舒庆春成了文坛巨匠，用他的如椽巨笔，为世界创造了一部又一部文学作品。

知识链接

老舍文学奖 为纪念人民艺术家老舍先生，推动京味文学的发展、壮大，繁荣中华民族的文艺事业，1999年，北

京市文联和老舍文艺基金会创立老舍文学奖。

老舍文学奖的奖项涵盖长篇小说、中篇小说、戏剧剧本、电影电视剧和广播剧(第三届新增了新人佳作奖)。它旨在奖励北京作者的创作和在京出版和发表的优秀作品,每两至三年评选一次。

老舍文学奖是北京市文学艺术方面的最高奖励,与茅盾文学奖、鲁迅文学奖、曹禺戏剧文学奖并称"中国四大文学奖"。

❋ ❋ ❋

立志是读书人最要紧的一件事。

——孙中山

为国歌谱曲的聂"耳朵"

聂耳4岁的时候,父亲病故了,家境日渐贫寒。他的母亲独自一个人支撑着家,含辛茹苦。

聂耳到了该上学的岁数了,但是家里无法支付起学费,聂耳心里非常着急。

开学的那天,妈妈拉着聂耳的手,把学费放在他的手心里。聂耳的眼泪快掉下来了。他知道,这是妈妈把爸爸在世时最喜欢的八音钟卖了,才让学费有了着落。

妈妈内疚而焦急地说:"学费总算有了,但是,书费……妈妈对不起你……"

聂耳连忙说:"不用书费,不用书费,妈妈,你看,我有书。"

妈妈很惊讶,定睛一看,聂耳从书包里掏出两个本子。这两个订得整整齐齐的本子,是聂耳用香烟盒纸订成的。

聂耳就这样走进了学堂。

家境虽然贫寒,但是聂耳的妈妈并没有放松对孩子的教育。睡觉前,聂耳的妈妈经常给他讲岳飞、孟姜女的故事,有的时候,还会给他哼唱滇戏。温婉的歌声,伴随着聂耳进入一个又一个甜蜜的梦乡。

邻居邱木匠家,是聂耳最爱去的地方。这个邱木匠,不仅心灵手巧,还有一支神奇的短笛。聂耳经常坐在邱木匠身边,听他吹短笛。美妙的笛声让他浮想联翩,眼前仿佛出现了一个神奇而美妙的世界:鸟儿在欢快歌唱,露水在阳光下闪耀,云彩在空中飘动……他不甘心仅仅当一个听众,他也要创造这个神奇的世界。于是,邱木匠身后多了条小尾巴。聪明的聂耳,很快就学会了吹笛子。两个哥哥不甘落后,也跟着学了起来。

妈妈看他们这样喜欢音乐,就省吃俭用,为他们买了竹笛和二胡。热爱音乐的小伙伴们常常聚集在一起,于是,聂家小乐队成立了。

放学后、放假时,他们经常一起结伴而行。昆明的西山、金殿……环境清雅的地方,都能看到他们的身影。而翠湖堤岸,是他们最喜爱的地方。在金色的夕阳映照下,他们一起演奏、练习、歌唱。太阳落下了,月亮升起来了,他们还沉浸在音乐的世界里,翠湖泛起的涟漪,应和着少

年们的音乐梦想。

如果有人去找聂耳,就会有热情的人告诉他:顺着音乐的声音,你就会找到聂耳。

有一次,聂耳和伙伴们经过一座古庙,听到庙里传来阵阵音乐,曲调时而高昂欢快,时而低沉忧伤,穿插其间的打击乐节奏明快、动人心弦。聂耳仿佛被钉住了,再也挪不动脚步。多么好听的音乐呀!伙伴们催促他一起回家吃饭,他根本听不见,挥挥手,跟大家再见,自己一个人伫立在庙外面。听着听着,他忍不住往里面走,一步一步地走进了庙里。

突然,一张熟悉的面孔映入眼帘。咦,那个人不正是邱木匠吗?原来他在这里。

聂耳悄悄地站在一边,静静地欣赏着,直到曲终,他才乘着月色回家。

第二天一早,邱木匠刚一开门,就发现聂耳已经等在门口了。他非常惊讶地问:"这么早?有什么急事吗?"

"有,当然有。邱老师,你昨天演奏的是什么呀,能教教我吗?"聂耳迫不及待地说。

邱木匠听得一头雾水,弄清事情的原委后,他笑了,并告诉聂耳,那支曲子名叫《洞经调》,然后耐心地向他解说。邱木匠没有想到,日后,聂耳在上海创作的器乐曲《翠湖春

晓》中,就有这支《洞经调》的"影子"。他更没有想到的是,站在他面前的这个爱音乐的娃娃,最后成了中国著名的音乐家,谱出了中华人民共和国国歌《义勇军进行曲》。

这个在家乡被大家喜欢的娃娃,到了上海以后,成了让房东最讨厌的房客。原来,1935年,田汉和夏衍等人创作了电影《风云儿女》,他们需要一首主题歌。

但是,由于国民党特务的追捕,田汉仓促地将歌词写在了一张香烟纸上,随后就被抓进了监狱。

那么找谁来作曲呢?有人想到了聂耳。聂耳是谁?知道的人连忙说:"就是那个聂守信,那个'耳朵'。"

于是,大家想起来了。原来聂守信对音乐非常敏感,朋友们说,只要能从耳朵进去的,就都能从他嘴里唱出来。久而久之,大家都叫他"耳朵"。在一次联欢会上,聂守信表演了舞蹈,模仿不同的人说话。更为奇特的是,他让两只耳朵一前一后地动,这是常人很难做到的,在场的人都被逗得前仰后合。联欢会的组织者当场赠送他礼物,并叫他"聂耳博士"。聂守信笑着对大家说:"你们硬要把一只耳朵送我,也好,四只'耳朵'(聂的繁体字聶)连成一串,不就像一个炮弹吗?"于是,聂守信就把自己的名字改成"聂耳"。

但是,大家选择他,不仅仅是因为聂耳的才华,还因为

他深入社会生活的最底层,经常和朋友们说:"音乐与其他诗、小说、戏剧一样,它是代替大众在呐喊。"在北平时,他虽然穷困潦倒买不起棉衣,但来到天桥等地,却把有限的钱分给贫民。同时,他收集北方民间音乐素材,在嘈杂的环境中聆听各种声音,从中听出了他们为生命而挣扎的心曲。

到了上海之后,他辛苦积攒,买到一把梦寐以求的小提琴。在这里,他经常深入工厂,看到女工上班、下班的艰辛生活,创作了《新的女性》。一次,他在街头看到了一个小报童被撞倒在地上,头破血流,报纸也撒了一地,正在伤心地大哭。聂耳非常心疼,连忙扶起了小报童,为他包扎伤口,还把被踩脏的报纸都买走了。从此以后,他和小报童交上了朋友,他们俩甚至一起卖报。风雨中,小报童辛苦卖报的身影和稚嫩的叫卖声激发了聂耳的创作激情。他请田汉的夫人安娥作词,自己作曲,创作了《卖报歌》。写好之后,聂耳又找到小报童们,亲自唱给他们听,他们非常喜欢,但是觉得如果能把"多少铜板买几份报"的话也写在里边的话,就可以边唱边卖了。于是,聂耳回去后,立即和安娥商量,在歌词中添上了"七个铜板能买两份报"的句子。从此,小报童们真的就开始一边唱一边卖,不仅生意好了,也唱出了他们的心声。从此,"啦啦啦……啦啦

啦……我是卖报的小行家……"从上海唱遍了整个中国。

聂耳有如此非凡的音乐天赋，难道还有比他更合适的人选吗？

聂耳拿到写着歌词的香烟纸时，激动得无法自已。他把自己关在了房间里，不吃不喝、不休不眠，一会儿激昂地在钢琴上弹奏，一会儿用力地在桌子上打着节拍，一会儿在房间里激动得走来走去，一会儿忍不住放声高歌。房东以为这个文静的青年发了疯，其他房客也受不了，纷纷提出抗议。当房东实在受不了，去敲他的房门时，聂耳已经不见了，原来为了躲避追捕，聂耳已经逃往了日本。

奔波的艰辛，没有磨灭他的创作激情。很快，聂耳将歌曲曲谱寄回了国内。

但是，当《义勇军进行曲》在银幕上首次响起时，聂耳已经去世了。这首歌作为民族革命的号角响彻了中华大地。同时，这首歌曲享誉全球，在反法西斯战争中，英、美、印等许多国家电台经常播放这首歌曲。抗日战争结束前，还被列入《盟军胜利凯旋之歌》中。

《义勇军进行曲》不仅激励着中国人民向胜利前进，也鼓励着当下每一个中国人向前进。

知识链接

《义勇军进行曲》 《义勇军进行曲》由田汉作词、聂耳作曲,为1935年电影《风云儿女》的主题歌。

根据徐悲鸿的提议,1949年9月27日,中国人民政治协商会议第一届全体会议通过了《关于中华人民共和国国都、纪年、国歌、国旗的决议》,其中规定"在中华人民共和国的国歌未正式制定前,以《义勇军进行曲》为国歌"。

2004年3月14日,第十届全国人民代表大会第二次会议正式将《义勇军进行曲》作为国歌写入《中华人民共和国宪法》。

❊ ❊ ❊

面对悬崖峭壁,一百年也看不出一条缝来。但用斧凿,得进一寸进一寸,得进一尺进一尺,不断积累,飞跃必来,突破随之。

——华罗庚

流亡千里为求学

　　贺敬之出生在山东枣庄郊区的一个贫苦农民家中。全家7口人仅有不到一亩的田地。他的童年是在打高粱叶、拾麦穗、捡棉花桃中度过的……

　　但是贺敬之自幼聪慧过人,仅仅半年时间,就在私塾里熟读了《三字经》《弟子规》《陈情表》《祭十二郎文》……家人勒紧裤腰带,送他去上小学。

　　由于家境贫寒,他经常饿着肚子去上学。但是,学校里的生活,为贺敬之打开了一个崭新的世界。在学校里,他不仅学到了很多新的知识,还遇到了很多好老师。

　　这些老师跟私塾先生一点也不一样,不仅不打骂、苛责学生,还为他们刻印教材,让他们了解鲁迅、巴金、蒋光慈、叶绍钧等一些进步作家的作品。另外,这些老师还告

诉学生,日本已经占领了中国的东北三省,民族救亡的呼声已经响遍中国大地。后来,贺敬之才知道,这些老师有的是进步青年,有的还是我党的地下工作者。

贺敬之非常喜欢读书,特别是对新知识非常渴望。有一天,他看到一位老师在看一本奇怪的书,上面不是方块的汉字,而是一些奇怪的字母。他好奇地询问,得知那是拉丁化新文字。老师告诉他,拉丁化新文字是一种通俗的、接近大众的、适应现代科学要求和国际化需求的文字,其简单易学,能让更多的人学习到知识。

贺敬之一听,立刻产生了兴趣,他多想让更多的小伙伴认识字、读读书呀!于是,在老师的鼓励下,贺敬之和同学们成立了拉丁化新文字学会,贺敬之担任会长。学会成立不久,同学们就初步掌握了拉丁化新文字。但是,缺乏读物与相关辅导,他们自己无法进一步提高。于是,聪明的贺敬之决定用拉丁化新文字给北京拉丁化新文字总会写信,希望得到支持与帮助。

很快,总会的回信到了。总会不仅对他们的活动给予了鼓励,更为他们提供了读物。在这些读物中,贺敬之发现了很多他不了解的事情:南方农民生活困苦、红军长征、西安事变……这些事件,贺敬之半懂不懂,于是虚心向老

师求教。热情的老师不厌其烦地为他们讲解。就这样,追求进步、向往光明的种子在他们稚嫩的心里发芽了。

时光匆匆逝去,贺敬之小学毕业了。在2000多名考生中,贺敬之以第四名的成绩考上了不收学费、每月还发5元钱的兖州简师,贺敬之兴奋极了。

但是,刚刚入学几天,抗战便爆发了,日本侵略军进入山东,兖州简师被迫关门南迁。贺敬之年龄太小,只好被迫退学回家了。

待在家里的贺敬之非常苦闷,没有书读,没有学上,没有老师,没有同学。耳边再也听不到朗朗的读书声,只能听到几十里外隆隆的炮声,远远看去硝烟弥漫。他站在村边的山头上,看到坦克一辆接着一辆驶过,炮弹爆炸后的亮光刺痛了他的眼睛。军队来来往往,难民纷纷逃亡,在人们口中,贺敬之了解到了日军的残暴、战争的惨烈。

自己难道就这样等下去吗?等着日本人打进家门吗?

参军?不行,自己年龄太小,部队肯定不会收。

干脆去找自己的母校——兖州简师,那里有自己的师长、自己的同学。

但是,学校到底搬到哪里去了呢?贺敬之不停地打听,不停地询问。终于有一天,他得到了消息:山东的学校

都流亡到湖北,成立了"国立湖北中学"。

于是,他决定到湖北去。

1938年的春天,年仅13岁的贺敬之和5个伙伴一起出发了。贺敬之的母亲只好将家里仅有的5元钱缝在了他的衣服里,含着眼泪送走了他们。

夹杂在逃难的人群中,几个孩子开始了流亡生活。

一路上颠沛流离,他们挨过饿、忍过寒,还被人凌辱打骂,但是这几个十几岁的孩子没有放弃,他们心中只有一个念头:找到学校。

他们千辛万苦地来到了湖北。但是,让他们沮丧的是,由于战事所迫,学校又搬迁到了四川。

有人开始动摇了,"太远了、太远了,走不动了。""要是到了四川,再找不到怎么办?""我想回家,想妈妈了。"

大家一边发着牢骚,一边看着贺敬之。

贺敬之一时之间也不知所措。但是他很快冷静下来,说:"我们是一起来的,就要在一起。"伙伴们点点头,都表示同意。"我们为什么出来呢?不是为了找到学校吗?只要没有找到,我们就不放弃,总会找到的,一定会的。"

他们鼓起勇气,又出发了。

2年后,他们终于来到四川了。熟悉他们的老师都惊

呆了,这几个孩子经历了怎样的苦难呀,简直就像几个叫花子。但是,孩子们高兴地跳了起来,他们终于找到学校了。他们又和老师们在一起了,又可以读书了。

路上再苦再累也没有流泪的孩子们,见到老师,就像见到了亲人,哇哇地哭了起来。

目睹了国难、经历了流亡的孩子们,在战火中成长起来了。他们知道了什么叫国破家亡,他们懂得了什么叫山河破碎。

当诗人臧克家率领第五战区文化服务团来到学校的时候,贺敬之站在簇拥的人群中,听着诗人高亢的呼声,被深深地打动了。他下定了决心,要与时代同步、与祖国同命、与人民同心。

渐渐地,贺敬之不满足于读书、办壁报、写诗歌的日子了,他渴望到延安去,到鲁迅艺术学院去。

年轻人的血是热的,行动是迅速的。说做就做,贺敬之和几个同学乘着夜色出发了。

终于,他们来到了延安。但是组织上并没有把他们安排在鲁迅艺术学院,而是安排在徐特立任院长的延安自然科学院。

满心渴望进行文学创作的贺敬之不甘于这样的安排,

他千辛万苦来到延安,就是为了投考鲁迅艺术学院的。于是,他坚决地向自然科学院中学部的老师提出了自己的要求。老师很热情,答应让他去试一试,而且劝他说,万一考不上就要在自然科学院安心学习。贺敬之点头同意。

拿着自己所写的组诗《跃进》,贺敬之意气风发地参加了考试。但是,真正一考试,贺敬之晕了,因为他实际上只有初一的文化水平,什么文艺理论之类的完全不懂。

于是,他心里暗暗下决心,自己水平低没关系,回去以后好好学习,一定能考上。

但是,出乎他意料的是,他竟然被鲁迅艺术学院录取了。原来,文学系主任何其芳决定破格录取贺敬之,因为何其芳觉得他交来的几篇作品,特别是他的诗,是很有特色的。

就这样,贺敬之步入了文学的殿堂。在延安,他执笔创作了《白毛女》,他的名字家喻户晓;在延安,他成了著名的诗人,他的诗歌被人们广泛吟唱;在延安,他结识了自己的妻子、同为作家的柯岩,度过了人生无数个美好的日子……

1956年3月,贺敬之回延安参加西北5省青年工人造林大会。再度回到延安,他兴奋得无法入眠。在夜里,

他再次站在窑洞里,诗如泉涌,边走边吟,边吟边写,边写边流泪。泪水和诗情一起纵情流淌。清晨,当他把诗稿拿出窑洞,嗓子竟然哑了,发不出一点声音。延河沸腾了,窑洞沸腾了,从广播电台到报纸,很快,全国的人们都在吟唱《回延安》这首诗。

  2001年5月,76岁的贺敬之又一次回到了延安。重上宝塔山,重访鲁迅艺术学院,重新走进梦中的母校。虽然当年一起扭过秧歌的老邻居已经去世,虽然当年的小娃娃已经年过半百,但是窑洞没有变、乡音没有变、黄土没有变、乡情没有变,贺敬之的诗情没有变,贺敬之爱延安的心没有变。当他被延安大学鲁迅文学艺术院聘为名誉院长时,他说:"延安精神鼓舞着我的一生,我希望自己永远都做一个有延安精神的延安人。"

  《回延安》 1956年,诗人贺敬之回到阔别10年的延安。这里是他生活多年的第二故乡,是中国革命的摇篮。他感触万千,心潮澎湃,写下了这首激情洋溢、脍炙人口的政治抒情诗《回延安》。

诗人以感情丰沛的诗句，表达了自己回到延安时的兴奋和激动，回忆了当年在延安的战斗生活情景，勾勒了与延安亲人欢聚的感人场面，刻画了延安10年来的巨大变化，并展望了它的美好未来。

这是一首采用民歌体——陕北信天游形式写成的诗篇，语言质朴，流露出诗人对"母亲"延安永不泯灭的真情。

❋ ❋ ❋

学者须先立志。今日所以悠悠者，只是把学问不曾做一件事看，遇事则且胡乱恁地打过了，此只是志不立。

——（宋）朱熹

天才少年笔如神

徐悲鸿6岁了,但是这个生日过得很不开心。原来,他的父亲徐达章是方圆百里有名的书画家,其书法尤其出众,当地的很多庙宇都留有他的手迹。徐悲鸿出生在这样的书画之家,自然在耳濡目染中喜欢上了绘画,所以在过生日的时候,他说出了心中的想法——跟父亲学习画画。但是,没有想到,他的父亲不同意,认为学画画不是一个好的选择,还是读书更有用。

虽然徐悲鸿生气地噘起了嘴,但是父亲一直不肯点头同意,所以只好自己偷偷地画画,河边的小鸭、小鹅,家中的小猫、小狗,都是他最喜欢涂涂抹抹、勾勾画画的对象。虽然无人指点,但是他自得其乐。

父亲对他的要求很严格,《诗》《书》《易》《礼》《大学》《中

庸》是他必读的书。一天,当他读到《论语》中的"卞庄子之勇"时,父亲给他讲了卞庄子独自一人捉两只大老虎的故事。

老虎?老虎是什么样子呢?徐悲鸿不知道,他从来没有见过老虎,于是就央求别人为自己画了一只老虎,自己照着样子,开始临摹。

有一天,徐悲鸿的父亲看到他在画画,奇怪地问:"咦,你画的是什么呀?"

"老虎呀!就是卞庄子打的那只老虎。怎么样,我厉害吧!"徐悲鸿喜滋滋地说。

"我看这不像虎,倒是像一只其他的动物。"父亲啼笑皆非。

徐悲鸿被打击得低下了头。父亲看他懊丧的样子,于心不忍,于是安慰道:"你现在应专心读书,等读完了《左传》,再学画画也不迟。"

徐悲鸿一下子来了劲:"好,等我读完了《左传》,就能学习画画啦!"

第二年,徐悲鸿真的读完了《左传》。他的父亲也信守自己的诺言,让徐悲鸿正式跟自己学画。

于是,每天午饭后,徐悲鸿在父亲的指导下,开始临摹吴友如的人物画,然后又开始学习着色。这是他学画的开始。因此,日后徐悲鸿经常说:"吴友如是我的启蒙老师。"

徐悲鸿确实有着绘画的天赋。

一天,他的父亲有事匆匆忙忙地出门去了。临走前,叮嘱徐悲鸿:"如果有人来找我,一定要让他留下姓名。"

过了一会儿,真的有人上门来找徐悲鸿的父亲。"你父亲呢?""他不在。"简短的对话过后,这个人就匆匆地离开了。

徐悲鸿的父亲回来后,问:"今天有人来找我吗?"

"有。"徐悲鸿回答道。

"他叫什么名字?"

"嗯……"

"来找我什么事情呀?"

"嗯……"

父亲看着一问三不知的徐悲鸿,埋怨他笨。徐悲鸿没有辩解,只是摊开了手掌。

父亲定睛一看,在徐悲鸿的手掌上,有一个人的画像。他的父亲笑出声来,一下子猜出了来客是谁。

邻居们都非常喜欢这个既聪明又有天赋的孩子,特别是隔壁的那家人,一提到徐悲鸿就会竖起大拇指夸赞,然后给别人讲徐悲鸿的故事。

原来,隔壁家的老太太突然去世了。事出紧急,家人不仅因失去亲人而感到难过,更惋惜的是,没有趁老太太活着的时候,给她老人家拍一张照片,连一个念想都没有留下来。

梦想的力量 中国梦青少年读本

正在这家人沮丧惋惜之时,前来吊唁的徐悲鸿说:"别难过,我来画一幅老太太的画像吧!"

老太太的家人没有太在意,这还是一个小孩子嘛!又没有和老太太在一起待多久,画就画吧。

第二天,当这家人把徐悲鸿画的画展开一看时,老太太的孩子们惊呆了——这不就是我们的母亲嘛!"她生前最爱在河边洗衣服,就是这样子,你是怎么画出来的呢?"老太太的家人问道。

徐悲鸿老老实实地说:"我经常看到她在河边洗衣服,想着她的样子,我就画出来了。"

老太太的孩子们万分感激,把这幅画悬挂起来作为纪念,逢人就说,是徐悲鸿让他们没有了遗憾,让他们能再度看到自己的母亲,后人也知道老太太的模样了。这个孩子真是个天才。

而此时的徐悲鸿,已经听不见这些赞美了,由于家乡闹水灾,他已和父亲一起出去流浪,以卖画为生。他自刻一方印章,上书"江南贫侠",开始用绘画来反映世间的疾苦。徐悲鸿原名徐寿康,但是,生活的贫苦,让他倍感世态炎凉:有钱子弟穿绸缎,而自己只能穿布衣大褂,屡遭嘲弄奚落;他想进洋学堂读书,但父亲拿不出钱,向别人借钱,又被别人看不起……徐悲鸿悲从中来,犹如鸿雁哀鸣,于

是自己改名为"悲鸿"。

　　但是与父亲一起苦苦挣扎的日子也没有持续多久。在徐悲鸿19岁那年,他的父亲去世了,家里负债累累,弟弟妹妹也要他供养,所有的担子都压在了他一个人身上。幸好才华出众的他分别被宜兴初级女子师范、始齐小学、彭城中学聘为国画教师。于是,他开始在三个学校之间来回穿梭,每日奔波近百里,常常屡过家门而不入,这才勉强解决了全家的生活问题。

　　但是,他爱好艺术的心没有被沉重的生活磨灭。

　　一个偶然的机会,徐悲鸿在《时事新报》上读到一则征稿启事,于是给报社寄去了一幅画作《时迁偷鸡》。《时事新报》主持人张元济觉得《时迁偷鸡》非常有趣,画中的人物鲜活、乡土气息浓郁。之后,这幅画得了二等奖,这让徐悲鸿非常激动。

　　后来,徐悲鸿看到上海图画美术院在《申报》上刊登的广告"专授各种西法图画及西法摄像、照相、铜板等美术,并附属英文课。讲义明显,范本精良,无论已习未习,均可报名"。徐悲鸿排除各种阻力,来到了上海。但是上海图画美术院刚刚创办,师资力量薄弱。有一次,徐悲鸿惊愕地发现,老师竟然拿自己的几个习作做讲义。他觉得在这儿学不到什么东西,两个月后,又回到了家乡,继续担任图画教师。

但是,上海毕竟给了他很多希望与梦想。于是,又有了一个机会,徐悲鸿再次只身来到了上海。

再次来到上海的徐悲鸿,兴致勃勃地把自己的画稿寄给了《小说月报》,期望能够换得日常生活所需的费用,但是等待他的是冷冰冰的退稿信。没有地方住,他只好寄居在老乡开的赌场里:白天躲在角落里作画,晚上等赌徒离去,打开破旧的行李在赌桌上睡觉。偌大的上海,他找不到工作,吃不上饭,没有人欣赏他的创作……一天,徐悲鸿实在忍受不了了,跑到了黄浦江畔。看着滚滚的江水、往来的轮船,他绝望了,真想跳进黄浦江里结束自己的生命。但是,岸上往来的人很多,人声嘈杂,徐悲鸿悲哀地想,自己连自杀都找不到一块净土。于是,他叹了口气,解开衣服,冰冷的江风吹着他。寒风中,他突然想明白了:"一个人到了山穷水尽的地步却能自拔,才不算懦弱!"1915年的新年,徐悲鸿终于找到了一份工作,在审美书馆从事用颜料填染杂志封面的工作。那时的杂志封面是用手工填色的。这家审美书馆可不是个普通的出版社,它的主办人是著名的岭南画派导师高剑父、高奇峰兄弟。所以,徐悲鸿高兴极了,在人们敲锣打鼓放鞭炮的大年夜里饿着肚子工作。几天后,他得到了报酬,而这个时候,他已经好几天没有吃饭了,不仅是因为忙碌,更是因为没有钱。

　　1916年,徐悲鸿终于考进了震旦学院,开始攻读法文。这个新生,由于没有礼服,只好穿着逝世父亲的丧服参加了开学典礼,他的眼睛里含着眼泪,是悲痛,是振奋,更是决心。

　　渐渐地,徐悲鸿的画作开始被人们关注、赞美了。在高剑父、高奇峰、康有为、蔡元培的鼓励和帮助下,1917年,22岁的徐悲鸿被聘为北京大学画法研究会的导师。很快,他得到了北洋政府的教育总长、大学者傅增湘先生的帮助,公派到法国留学。

　　这个穷画师的孩子,终于踏进了他梦寐以求的艺术殿堂,开始了崭新的生活。

　　由于自己出身贫寒,求学艰辛,因而徐悲鸿非常爱惜人才,认为英雄莫问出处,不以出身论高低。1929年,徐悲鸿由蔡元培引荐,担任北京大学艺术学院院长。他破除压力,聘请齐白石担任教授。更为可贵的是,凡是遇到年轻有为、肯用功吃苦,或穷苦无告的人,徐悲鸿总是给予莫大的同情,并且尽一切可能去帮助和鼓励他,很多追求艺术梦想的年轻人因得到他的帮助而实现了自己的梦想。

知识链接

《田横五百士》 徐悲鸿创作的油画《田横五百士》,描绘了《史记·田丹列传》中的农民起义领袖田横在刘邦称帝后,要到洛阳接受招安,他手下忠心的500名战士与他诀别的场景。

画面富有强烈的悲剧气氛,表现出了富贵不能淫、威武不能屈的主题,并以密集的阵形展现了群众的合力。

※ ※ ※

每个人的一生都应该给后代留下一些高尚有益的东西。

——徐悲鸿

渔船上诞生的音乐家

　　1905年,冼星海出生在被葡萄牙占领的澳门。他是当时受歧视的疍家人,因为疍家人不能轻易上岸,只能在渔船上讨生活,所以他的童年几乎是在渔船上度过的。他的父亲在他出生之前就去世了,是外祖父和母亲把他抚养长大的。

　　他的童年生活非常艰辛,为了生活,小小年纪就跟着妈妈出去卖鱼。孤儿寡母经常被欺负,卖不了几个钱,还经常因为鱼被抢走而相拥落泪。上了学堂后,冼星海也经常被同学欺侮,有的人甚至把他的鞋子踢烂,嘲笑道:"疍家人就该在船上,还穿什么鞋子。"懂事的冼星海忍气吞声,回到家里从来不说,怕妈妈和外祖父着急、伤心。

　　但是,噩运没有放过这可怜的一家,冼星海的外祖父

出海捕鱼时,他的船被葡萄牙人的船撞翻了。外祖父受了伤,在愤怒焦急之中,咽下了最后一口气。

冼星海失学了,再也没有办法读书、写字了。为了生存,冼星海和母亲被迫到新加坡谋生。

虽然生活贫困,但是冼星海舍不得离开澳门。因为在渔船上,他曾听外祖父吹奏竹笛,笛声让祖孙俩忘记了生活的艰辛;在卖鱼的市场上,渔家女清脆的歌谣,让他也忍不住跟着轻声哼唱;在海边的礁石上,他举起贝壳,仿佛就能听见大海的呼吸声……特别是那一次,他给一个葡萄牙人送外卖。在门外,他听见了阵阵乐声,悠扬婉转,仿佛在倾诉心语。他不知不觉地痴迷了,连外卖从手中坠落、撒了一地都不知道。那是一位小提琴家,看到冼星海如此入迷,不仅没有责怪他,还抽出时间来教冼星海拉琴。那是冼星海第一次接触西方音乐。

但是,这一切都结束了。

看着滔滔的海水,冼星海暗暗地想:将来无论怎样,我都要学习音乐。因为音乐不仅可以给他快乐,而且可以创造一个充满光明与梦想的世界。

在新加坡,冼星海的妈妈给人家做女佣,以供冼星海在养正中学半工半读。

在养正中学,冼星海努力读书,功课十分出色。但是,

他最喜欢上的还是音乐课,最喜欢的老师也是音乐老师肖友梅。肖友梅非常喜欢冼星海,他发现了冼星海的音乐天赋,欣赏冼星海自强不息的精神,因此常在课余时间教冼星海弹钢琴。

不久,冼星海的音乐天赋开始凸显了,师生二人相处得非常愉快。

但是有一天,一直勤奋练琴的冼星海竟然迟到了。肖友梅没有批评他,只是看着冼星海,等着他做出解释。冼星海垂头丧气,随手翻弄着琴谱,低声说:"我妈妈让我专心读书,不让我学音乐了。"

"你妈妈?"

"妈妈一个人抚养我,很辛苦的。我不想让她失望,她说只有好好学习才有出息,学音乐是不务正业。"冼星海苦恼地说。

"那你自己呢?"

"我当然喜欢音乐了,一天不碰琴我就难受,但是我……"

肖友梅没有说话,而是坐在钢琴前,弹起了琴,激昂的音乐仿佛敲打着冼星海的心,他实在忍不住了,坐在老师旁边,和老师一起弹奏。在音乐声中,他仿佛获得了巨大的力量。

乐曲弹完了,他们久久没有出声。看着冼星海执着的面孔,肖友梅抚摸着他的头,说:"你有音乐天分,不要被埋没。一个真正的音乐家,要敢于和命运斗争,要勇于为了理想拼搏。只要坚持,你的妈妈一定会理解你的。"

冼星海坚定地点了点头。

不久,冼星海的生活出现了一个新的转机。

冼星海就读的养正中学,是中国岭南大学办的。养正中学的校长林耀翔,接受了岭南大学专为华侨子弟返国升学所设的华侨学校校长一职,由于冼星海成绩优异,成了他亲自带往广州升学的20名养正中学学生之一。

为了让儿子受到更好的教育,冼星海的母亲决定带他回国。

在与肖老师挥手作别的时候,冼星海的心里回荡着老师的谆谆教导:"我希望你记住,音乐是世界的,但是音乐家是有祖国的。"冼星海用一辈子来铭记这句话。

在回国的轮船上举办了一场音乐会。冼星海在音乐会上,为母亲弹奏了一支乐曲,无尽的感恩之情、与命运搏斗的坚毅之心流淌在音符之中。乐曲弹奏完毕,现场一片寂静。冼星海的妈妈泣不成声,泪流满面,这泪水是认同、是鼓励。

从此,在妈妈的支持下,冼星海走上了音乐之路,再也

没有回头。

　　冼星海回国以后,在岭南大学附中学习小提琴,后来进入北京大学音乐传习所、国立艺专音乐系学习,在上海国立音专学小提琴和钢琴,并发表了著名的音乐短论《普遍的音乐》。

　　24岁的冼星海,虽然经济拮据,但是为了提高自己的艺术造诣,毅然去法国求学了。通过自己的努力和坚持,冼星海终于成了音乐大师保罗·杜卡斯的入室弟子,巴黎音乐学院高级作曲班也免费录取了他,他成了这所音乐圣殿里的第一个中国学生。当招生老师问他在物质上有什么要求时,他的回答竟然是"饭票"。

　　从法国留学归来后,他积极投身于抗日救亡运动。1938年,他来到了革命圣地延安。1939年,他去看望生病的青年诗人光未然。在病床上,光未然激情洋溢地朗诵了自己的作品《黄河吟》,并向冼星海描述了黄河呼啸奔腾的壮丽景象……冼星海被深深地感染了,乐思如泉涌,回到窑洞后,足不出户,连续创作半个月,终于创作了《黄河大合唱》的全部乐谱。

　　《黄河大合唱》首演时,乐队仅有3把小提琴、20件民族乐器,低音弦乐器是他们用煤油桶制成的,打击乐器就

是用大勺子敲击脸盆、搪瓷缸子……但是，就是这样的乐队，奏出了时代最强音。

1939年5月11日，在庆祝鲁迅艺术学院成立一周年的晚会上，毛泽东观看了《黄河大合唱》演出。冼星海穿着灰布军装和草鞋、打着绑腿，亲自指挥。歌声响彻了整个礼堂，毛泽东忍不住连声称赞。1939年7月，周恩来观看了《黄河大合唱》的演出，亲笔给冼星海题词："为抗战发出怒吼！为大众谱出呼声！"郭沫若在《黄河大合唱》的序中写道："《黄河大合唱》是抗战中所产生的最成功的一个新型歌曲。音节雄壮而多变化，使富于情感的词句，就像风暴中的浪涛一样，震撼人的心魄。"

1945年10月30日，年仅40岁的冼星海病逝在克里姆林宫医院。1945年11月14日，延安各界为冼星海举行追悼会，毛泽东亲笔题词"为人民的音乐家冼星海致哀"。1999年11月，哈萨克斯坦共和国阿拉木图市的弗拉基米尔大街被命名为"冼星海大街"。冼星海曾经说："我有我的人格、良心，不是钱能买的。我的音乐，要献给祖国，献给劳动人民大众，为挽救民族危机服务。"

《黄河大合唱》 《黄河大合唱》是冼星海的交响乐代表作，创作于1939年3月，并于1941年在苏联重新整理加工。

《黄河大合唱》以黄河为背景，讴歌了中华民族源远流长的历史，赞颂了中国人民坚强不屈的斗争精神，控诉了侵略者的残暴罪行，并向全中国、全世界发出了民族解放的信号，塑造了中华民族巨人般的英雄形象。这是中国交响乐的经典之作，鼓舞了无数中国人为中华民族解放而奋起抗争。

❉ ❉ ❉

人若有志，万事可为。

——[英]塞廖尔·斯迈尔斯

名字写进了数学书里的中国人

124

　　大家一直把杨乐看作开心果,可这个数学小神童最近好像很不对劲。

　　那个严肃而刁钻的数学老师,无论出什么样的题目,同学们都不怕。杨乐就是他们的法宝,什么题都会做。大扫除来了,杨乐画出一个图,对大家进行任务的分工,一目了然,所以他们班的扫除一直做得又快又好。

　　合唱的时候,杨乐的声音非常好听,所以在合唱比赛中他们总是取得好成绩。

　　杨乐总是笑嘻嘻的,就像他的名字一样。

　　但是,最近他好像很不开心。午休的时候,同学们在一起议论开了。"这几天,杨乐怎么了?""上课也不再那么积极了,似乎好几次都在走神。""唱歌的时候,也那么

严肃。"

同学小胖晃着脑袋,说:"最近哟,乐乐很不对劲。我排了半天队,买了他最爱吃的肉包子。但是,他竟然连看都不看一眼……"小胖感到很委屈。

此时,被同学们热议的杨乐正在图书馆里闷闷不乐。

窗外的知了正在起劲地唱着夏天的歌谣。杨乐头一次发现,图书馆里又闷又热。

书桌上摆着一大摞他曾经最爱读的数学书,但是,这几天,他一点也提不起劲,趴在桌子上发呆。

他并不知道,发现他不对劲的不只是同学们,连老师也注意到了。

这不,他的数学老师陆颂石此时正在静静地看着小杨乐,这个孩子怎么了?杨乐是个对数学极为热爱而且是很有数学天赋的孩子。刚刚接手这个班的时候,陆老师按照惯例,进行了三次高难度的数学测验。三次考试,大多数同学成绩不理想,甚至很多同学不及格。第一次考试的时候,这个孩子20分钟就交卷了。陆老师以为题目太难,杨乐放弃了。仔细一看,竟然发现杨乐全做对了。三次考试,杨乐都考了100分。这真是个人才呀!但是,这几天,他发现杨乐上课精神不集中。

这样下去可不行。教室外的长凳上,陆颂石和杨乐坐

在一起。陆颂石什么也没有说,只是看着杨乐。

风轻轻地吹着,不知道从什么时候起,知了仿佛也知趣地不再唱歌了。

杨乐低着头说:"我这两天学数学都提不起劲。"

"遇到困难了?"陆老师关心地说。

"不是。难题我不怕,不会我可以学,但是……"

"没关系,你怎么想的,就怎么说。"陆老师鼓励他说。

杨乐想到了那天,他像往常一样翻弄着数学参考书,好像发现了宝藏,觉得有趣极了。但是,突然之间,他发现书中的定理、名称大多是以外国数学家的名字命名的,什么欧几里得几何(平面几何)啦、笛卡尔坐标(直角坐标)啦、毕达哥拉斯定理(勾股定理)啦……几乎没有中国人的名字。

他把自己的困惑告诉了老师,并问道:"您说,中国人就不能研究数学吗?"

陆颂石一阵惊喜,他知道,这个聪慧的孩子,从单纯地学习数学,开始思考为什么学习数学了。如果他迈好了这一步,必将会为中国数学界、世界数学界做出巨大的贡献。

"你知道华氏定理吗?"

"嗯。知道。"

"为什么叫华氏定理?"

"它是中国人华罗庚证明的,因此叫华氏定理。"

"是呀。华罗庚就是中国人,中国数学界的骄傲。"

"但是……"

"但是这样的成果太少了。因此,我们中国人更要努力呀!"

杨乐一下子明白了,大声说:"中国人同样能为数学发展做出贡献,我一定要把用中国人名字命名的定理,写在未来的数学书上!"

陆颂石慈爱地抚摸着杨乐的头,感到很欣慰,心想:"这个孩子真的长大啦,他懂得了为什么要努力学习。"

从那以后,杨乐又变得活泼开朗了。同学们发现他们的开心果又回来了。

不过,这个开心果现在已经学习数学成魔了,不仅课堂上表现出众,而且热心地帮助同学们总结方法。不过,同学们也知道杨乐很刻苦。他每天要花上两三个小时潜心阅读数学课外书。有的时候,还听到他自言自语地说:"把中国人的名字写在书上。"这是什么意思?同学们不是很明白。

细心的同学们发现他给数学教科书包上了漂亮的书皮,并在书皮空白处写下"中科"两个字。当大家问他"中科"是什么意思时,杨乐只是笑而不语。

原来,他希望今后能进入中国最高的学术机构中国科学院,但因为害羞,怕被同学发现,所以简写成只有自己才能理解的"中科"二字。

读高三的哥哥也更加喜欢这个弟弟了。因为只要数学难题做不出来放在一边,可爱的弟弟杨乐就会悄悄地把难题解出来。

有人说杨乐是天才,但是,哥哥知道弟弟的付出。因为在整个中学期间,杨乐做了1万多道数学题。

1956年,还不满17岁的杨乐,考入了北京大学数学系。

杨乐这下子真的可以沉浸在数学的世界里了。他每天学习、演算12个小时,包括周末和节假日,从不中断。教室、图书馆,是他最爱去的地方。求学期间,除了校园外,他几乎没有去过其他地方,连天安门、中山公园、香山等这样的风景名胜,他都没有去过。

大学三年级时,著名数学家庄圻泰教他们突变函数论。正在上讨论课的杨乐语出惊人,对庄教授说:"我可以做出比书上第三章这个定理更简单的证明。"庄教授感到非常惊奇,因为他们使用的教材是苏联著名数学家编的教学经典著作,自问世以来,一直被人奉为经典教科书。然而,这个毛头小伙居然说可以做出一个比书上更简单的证

明。于是,他饶有兴味地鼓励他:"你算算看。"杨乐在庄教授的鼓励下,沉着地一步步演算。最终,庄教授满意地笑了,这个20岁的大学生对经典著作提出了自己的见解。

就这样,经过4年的学习,杨乐以优异的成绩从大学毕业了,如愿地考入他向往的中国科学院数学研究所,成为数学大师熊庆来教授的关门弟子、华罗庚的同门师弟。

10年"文化大革命",10年浩劫,杨乐在痛苦中摸索,在痛苦中累积力量,一刻也没有放松自己在数学领域上的追求与研究。1978年初,杨乐和张广厚接到了一封赴瑞士参加一次国际学术会议的通知。他们兴奋极了,但是心中有隐隐的不安。他们要面对的是当今一流的科学家,有的甚至是他们从学生时代起就非常崇拜的世界级数学权威,压力与责任多么巨大呀。

国际学术会议召开的第一天,很多外国学者把杨乐、张广厚误认为日本人,因为他们觉得中国没有数学家有资格参加如此重要的国际学术会议。第二天,他们竟然被告知会议不准备安排他们的学术报告。经过数次协商、争取,会议主办方才勉强给他们安排了学术报告时间。

著名数学家海曼正好担任杨乐和张广厚学术报告的主持人,他给了他们很大的鼓励。杨乐沉稳地走上了演讲台,他相信自己能够把握这个机会,向世界展示中国人的

气度、胸怀、学识、修养;相信自己10年来对数学函数论的研究纯熟独到。他用流利的英语向大会做了一篇关于《整函数与亚纯函数的一些新成果》的学术报告。

这个报告成了会议最受关注的一个学术报告,而且让世界数学界听到了中国数学家的声音,看到了中国数学研究的力量。82岁高龄的著名数学家、近代函数值分布论的创始人奈望利纳激动地对杨乐说:"现在我认为,欧洲数学家应该向你们学习。"

杨乐与张广厚合作,首次发现函数值分布论中的两个主要概念"亏值"和"奇异方向"之间的具体联系,为国际数学界所瞩目。他们的这一研究成果被命名为"杨-张定理"或"杨-张不等式",杨乐少年时代"要把中国人的名字写在数学书上"的梦想终于成为现实了。

1980年,杨乐回到了自己的母校南通中学,为师生做学术报告,还面对面地与同学们座谈。看着熟悉的校园、熟悉的老师、稚气的学生,杨乐想到了自己的中学时代,语重心长地对学生们说:"不通过学习、实践,就不可能取得知识,并不存在天生的天才或神童。天才只是聪明一点而已,而聪明是靠长期努力奋斗得来的。培养刻苦学习的精神很要紧,这种精神要从小培养。一个人从小娇弱,以后是不可能有刚毅的性格的。"

杨乐以自己的成功之路，告诉人们梦想的实现，是需要付出努力的。

知识链接

毕达哥拉斯定理（勾股定理） 毕达哥拉斯定理是指在任何一个直角三角形中，两条直角边的长度的平方和等于斜边长度的平方。

这一定理是以古希腊数学家毕达哥拉斯的名字命名的。

✲ ✲ ✲

永远不要放弃你的理想，不要被一时的得失所迷惑，这样才会不负此生。

——杨乐

翻身农奴把歌唱

1937年,在西藏日喀则的一个普通藏民家中,诞生了一个女婴。虽然家境贫寒,但是女婴的父母希望这个孩子能够像仙女一样美丽、长寿,于是就用藏语中的"长寿仙女"为她取了名字——才旦卓玛。

才旦卓玛的父母作为普通的藏民,没有什么日历的概念,谁也不清楚她出生的具体日子,她的母亲只能隐约记得她是割麦子的时候出生的。后来,才旦卓玛把8月1日建军节定为自己的生日。

才旦卓玛是家里最小的孩子,自然得到了家人最多的疼爱与呵护。她最喜欢的就是听放牧的阿爸唱歌、听织布的阿妈唱歌,古老的歌谣一直萦绕着她的童年。

但是,全家人经常连饭都吃不饱。终于有一天,阳光照耀到了日喀则,解放军的队伍来到了才旦卓玛的家乡。刚开始,她和很多藏民一样,听信了反动宣传,非常害怕这些解放军,认为他们一定会抢东西、祸害百姓。

但是渐渐地,她发现,这些解放军真的很好,就是自己挨饿,也不抢老百姓的东西;宁可自己受冻,也不抢占大家的房子;为了尊重藏民的习俗,他们会到很远的地方打水……于是,跟大家一样,才旦卓玛跟解放军亲近起来了,因为她知道,这些人是来帮助他们的。

有一天,一支部队的文工团来到了日喀则,驻地离才旦卓玛家非常近。才旦卓玛常看着他们唱歌、跳舞,可羡慕了。虽然听不懂他们在唱什么,但是她听得出歌声明快昂扬。于是,从小爱唱歌的才旦卓玛常常不由自主地跟着唱起来。

不久,家乡成立了妇联。才旦卓玛可积极了,经常和伙伴们在山坡上相互对唱,歌唱美好的新生活。附近的人们都喜欢听才旦卓玛的歌声,她越唱越带劲,没多久就参加了共青团。

她的歌声越传越远。很快,作为西藏团委的代表,她走出了祖祖辈辈生活的高原,来到了北京、上海、武

汉、东北……当她回到家乡,她的父母差点认不出自己的女儿了,穿着得体,精神饱满。当她提出要加入文工团的时候,父母没有阻拦。在当时,很多像才旦卓玛这么大的女孩子,早就奉父母之命嫁人生子了。像才旦卓玛这样抛头露面、唱歌跳舞,简直就是犯了大忌。但是,才旦卓玛的父母支持她的选择,他们觉得解放军和共产党是好人,把孩子交给他们,放心。

不久之后,才旦卓玛被选送到了上海音乐学院。才旦卓玛仿佛来到了另一个世界。最让她痛苦的是,和老师之间的语言不通。虽然老师们很好、同学们很好,但是无法沟通的痛苦让她非常难受。让她惊讶的是,老师们开始学习藏文、说藏语。由于水土不服,才旦卓玛病了,老师不仅带她去看病,还在家里熬好了药,并给她送去,天天如此,直到她痊愈。在才旦卓玛的眼中,老师就像远在高原的阿妈。

更让她惊讶的是,老师没有依照常规教学,而是根据藏族歌手的发音习惯,因材施教,悉心指导。终于,才旦卓玛练就了高亢、婉转、富有藏族韵味的"金嗓子"。

一次,才旦卓玛从食堂向宿舍走去,广播里播放的一首歌曲一下子吸引住了她——这首歌太好听了,唱到她心里去了。如果没有共产党、没有新中国,我怎能走在大学

的校园里呢？怎能这样自由地歌唱呢？才旦卓玛一口气跑到老师那里，说要学唱这首歌。

很多人无法理解，觉得才旦卓玛当时连汉语都说不好，能唱好这首歌吗？但是，她的老师王品素懂得她的心。于是，老师一句一句地教她，还请来了《唱支山歌给党听》的作曲者朱践耳。"唱支山歌给党听，我把党来比母亲……"当朱践耳听到才旦卓玛的歌声时，他一下子被打动了。这是发自肺腑的热爱，这是来自心灵深处的歌声。于是，激动不已的朱践耳给她讲了这首歌曲的来历。原来，这首《唱支山歌给党听》是雷锋日记里的一首诗，是一名矿工写出的一首小诗，雷锋把其中两段八行抄在日记里，并进行了修改……雷锋牺牲后，朱践耳为了纪念他，把这首诗谱成了歌曲。根据歌词，朱践耳特意把这首诗谱成通俗易懂、朗朗上口的曲调。于是，才旦卓玛更加理解这首歌了，也更加用心地去演绎这首歌曲。

不久以后，在上海之春音乐会上，才旦卓玛的一曲《唱支山歌给党听》让无数人流下了热泪。从此，这首歌在全国传唱几十年。

1964年10月2日，大型音乐舞蹈史诗《东方红》在北京人民大会堂首度公演，才旦卓玛的一曲《百万农奴站起

来》响彻了整个礼堂。毛泽东主席、周恩来总理亲切地和她握手。多少年过去了,才旦卓玛还记得当时的情景,记得毛主席的手特别大、特别温暖、特别有力量,记得自己竟然激动得说不出一句话来。

从此,才旦卓玛的名字享誉大江南北,很多的歌舞团纷纷邀请她加入,特别是东方歌舞团当时正好缺一名藏族演员,于是热情地邀请才旦卓玛。北京,祖国的首都,自然是令人神往的地方,才旦卓玛也很向往。可转念一想,自己是藏族人,家乡的经济、文化还比较落后,回到西藏去为父老乡亲服务才更适合自己。于是,才旦卓玛谢绝了东方歌舞团的好意,坚定地表示要回西藏。她一刻也没有停留,回到了西藏。多少年过去了,她从来没有后悔过自己的选择,因为她清楚地记得周总理对她的一番嘱咐:"你要唱歌,就为少数民族而唱吧!你如果不归去啊,你这个酥油糌粑的滋味就没有了。"

这个从雪域高原走出来的歌唱家,回到了家乡,以一颗感恩的心,以自己对新中国、对家乡的热爱,在养育自己的这片土地上放声高唱。如《翻身农奴把歌唱》唱出了贫苦农牧民当家做主的喜悦之情;《北京的金山上》唱出了藏族同胞对党的感激之情;《一个妈妈的女儿》唱出了藏汉人民的团结。

　　后来，才旦卓玛虽然年事已高，但只要有演出任务，她总是像年轻的时候一样"打起背包就出发"，认真地对待每一场演出。有一次，她到边防哨所为一个班的战士演出，竟然一口气唱了八首歌。才旦卓玛一生没有做过两件事情：一是收徒，二是做商业广告代言。她说："我是党和国家培养出来的，要回报的，也只能是党和国家。"1994年，她设立了"才旦卓玛艺术基金"，鼓励新人新作，她说："希望年轻的藏族文艺工作者能够保存、保护好自己民族的东西，在此基础上提升民族的特色，为西藏和全国人民服务。"

　　才旦卓玛经常说："我是翻身农奴的女儿，党和国家对我很关心，对西藏人民有着深沉的情感。我要把藏族人民的心声用歌声唱出来，一辈子为西藏、为人民歌唱。"

知识链接

　　《东方红》　为庆祝中华人民共和国成立15周年，北京、上海等地区70多个单位的音乐舞蹈工作者、诗人、作曲家、舞台美术工作者，以及工人、学生、少先队业余合唱团，以满腔的革命热情创作了大型音乐舞蹈史诗《东方红》。

　　《东方红》以歌舞形式选取了各个革命阶段最有代表性的典型事件,概括地表现了中国共产党成立后,中国人民在中国共产党的领导下,进行反帝反封建的艰苦卓绝的革命斗争,是中国人民谋求解放的历史缩影。1964年国庆,《东方红》在人民大会堂首演。这是一部集新中国历史、文学、音乐、舞蹈等于一体的经典作品。

❋ ❋ ❋

　　志不可一日坠,心不可一日放。

——(清)王豫

被汽水"醉"倒的棋圣

自小患有先天性心脏病的聂卫平,对于剧烈的体育项目和游戏没法过多参与。他的父母、外公都是围棋爱好者,他自然也对棋盘上的黑白世界产生了极大的兴趣。

他在9岁的时候,经常和弟弟一起,趁着父母不在家的时候,偷偷拿出围棋来下,虽然只是会简单地"吃子",但是两个孩子已经战得不可开交了。聪明的弟弟总是比聂卫平下得好,这让聂卫平非常不甘心。于是,他将一切抛在脑后,放学后,就是摆棋、下棋、读谱。

这是一个休息日,天刚刚亮,聂卫平和弟弟就迫不及待地开战了,一盘、两盘、三盘……直到傍晚,或许是连续"作战"太过劳累,或许是不吃不喝体力透支,或许总是输急火攻心,聂卫平只觉得眼前一黑,晕了过去。

大家这可吓坏了,连忙将他送去医院。本来想让他好好休息的父母,看到聂卫平在病床上还在摆弄棋盘,只好笑笑,只能让他注意身体,但是没有阻拦他。幸好如此,否则一代棋圣的围棋生涯或许就要中止了。

这一天,北京劳动人民文化宫少年围棋训练班来了两个陌生的少年,他们与训练班的少年棋手展开了较量。一开始,少年棋手们不以为然,一看这两个人就没有经过专业训练,简直就是"野路子",应该不堪一击。但是,这两个少年真的很厉害,竟然一下子打败了训练班的两个少年棋手。这两个少年就是聂卫平和他的弟弟。

训练班的辅导老师张福田又惊又喜,特别是知道这两个孩子才刚刚学了一年围棋,而且没有名师辅导,于是招他们进入了训练班。

刚刚赢了棋的聂卫平不免有些骄傲,似乎对加入训练班不感兴趣。张老师看在眼里,不露声色,摆开了棋盘,示意聂卫平来一盘。

"让你17子。"张老师沉稳地说。

"什么,17子?"聂卫平吃了一惊。

"对,17子。"

聂卫平哪里肯服气,心想:这么看不起我,哼! 一定杀得你落花流水。

但是,张老师好像有一种魔力,弄得聂卫平手忙脚乱,最终一败涂地。

聂卫平看着棋盘上自己的败局,真心服气了,山外有山人外有人呀!他开始拜师学艺了。后来,聂卫平回忆说:"张福田先生是第一个把我领进围棋大门,并使我看到那变化万千的围棋世界的人,我对他永远怀着感激之情。"

为了下围棋,聂卫平做过不少傻事。

1965年,日本围棋代表团来华比赛,聂卫平得到了珍贵的观赛请柬。但是由于比赛日不是星期天,因此聂卫平谎称生病了。

第一天、第二天,平安无事。

第三天,聂卫平的胆子大了起来,若无其事地去看比赛了。

但是学校的老师看聂卫平连续三天没有来上学,于是,去他家打听并关心一下。一下子,聂卫平露馅了。

聂卫平的妈妈,立刻想起了几天前的那张请柬,于是立刻跑到比赛场地——民族文化宫。

聂卫平此刻正沉浸在尾原和陈祖德的棋局中。有人偷偷告诉他:"你妈妈来了。"聂卫平没有反应过来,"嗯""嗯"地随口应着,仍目不转睛地看着棋盘。那人急了,大声说:"你妈妈抓你来了。"一下子,聂卫平慌了,他不敢见

妈妈,想肯定会被责骂,干脆躲进了男厕所。

聂卫平的妈妈找了好几圈,没有找到他,便叫国家围棋队领队李正洛把聂卫平交出来。李领队根本没有注意到聂卫平,自然无法交人。聂卫平的妈妈只好气冲冲地走了。

那天晚上,当聂卫平偷偷地溜回家时,等着他的是一顿痛打,他的屁股都被打肿了。从那以后,即使再爱围棋,聂卫平也没有逃过学。每当他念头一起,就仿佛看见妈妈挥舞的鸡毛掸子。

在聂卫平10岁的时候,他遇到了陈毅元帅。那天放学后,家人让聂卫平洗澡。那个时候,洗澡可是一件重要的事情。不是周末,不是逢年过节,洗什么澡呢?洗完澡后,换上了新衣服,他们出发了。懵懵懂懂的聂卫平知道肯定是要见重要的大人物了。

那是聂卫平与陈毅元帅的第一次见面。虽然有些拘谨,但是一摆上棋盘,聂卫平就什么也不顾了。他飞快地开局、走子。突然,陈毅元帅下了一步,觉得有些后悔,于是准备拿回棋子重下。聂卫平不乐意了,立刻按住陈毅的手,大声说:"落子无悔,不准悔棋。"陈毅元帅一愣,然后哈哈大笑,这个执着的少年让他看到了中国围棋的希望。

那天,陈毅元帅邀请聂卫平他们一起吃饭。那个时

候,汽水属于高档饮料,平时很难见到。当服务员给聂卫平倒上汽水后,他一喝起来就停不下来了。于是,趁别人不注意,他竟然一下子喝了十几瓶。当陈毅元帅请这个小棋友吃担担面时,他已经因为喝了太多的汽水,"醉"倒在沙发上起不来了。

那个时候,谁也不知道,就是这个被汽水"醉"倒的孩子,有一天,真的实现了陈毅元帅的夙愿,在中日围棋擂台赛中 11 连胜,震惊世界,成了真正的棋圣。

1973 年的春天,中国国家围棋队重新组建,聂卫平被选入这支集训队中。

这个时候的聂卫平,下棋下"疯"了。其他人每周进行三四局比赛,已经非常辛苦了。但是,他除了训练比赛外,还把全部的业余时间都用来下棋,周六不回家,晚上不休息,只要有人陪着下,就一直下。这种"车轮大战"让很多集训队员招架不住,不得不中途休战。更让他们吃不消的是,如果他们赢了,聂卫平不肯放他们走,要再下;如果他们输了,自己不甘心,还要再下。因此只要一开局,就会没完没了。久而久之,大家一见到聂卫平就赶紧躲开,唯恐被缠住,不得脱身。有人计算过,那时聂卫平下棋的局数超过任何 3 名集训队员加起来的总数。

1984 年 10 月,中日围棋擂台赛正式启动。

首届中日围棋擂台赛,双方各出 8 人,中方 32 岁的聂卫平出任主将,马晓春担当副将。日方派出的前五个选手都是围棋界的年轻人,只有小林光一、加藤正夫是一流棋手,主将藤泽秀行压阵。

比赛开始后,江铸久的 5 连胜请出了小林光一出场。但是,情况急转而下,小林光一 6 胜中国棋手。这个时候,中国队只剩下主将聂卫平了。身体透支得厉害,只能抱着氧气瓶上场的聂卫平,竟然以二目半的优势战胜了小林光一。小林光一长时间抱头不语,连说:"我觉得自己的神经都错乱了。"

随后,聂卫平以四目半的优势战胜加藤正夫,终于逼出了日方主将藤泽秀行。

最后的决战,在北京的首都体育场举行,聂卫平以三目半的优势打败藤泽秀行,第一届中日围棋擂台赛以中国队获胜而告终。这是一个多世纪以来,中国队第一次在围棋比赛中战胜日本队。

第二届中日围棋擂台赛,双方各出 9 人。第一届比赛后,小林光一削发明志。日本人称这是复仇的一届。结果,在第二届比赛中,出现了日方还有 5 人,中方仅剩聂卫平一人的局面。聂卫平连胜 4 名日本棋手,赴日本与大竹英雄决战。决战日当天,中国观众聚集在电视机前,甚至

连邓小平一家人也坐在电视机前观看比赛。最终,聂卫平赢了。邓小平说:"擂台赛打得好。"

自那以后,"围棋热"席卷中国。时任《新体育》杂志主编的郝克强说:"聂卫平最大的贡献是让不少小孩子开始学棋,中国围棋人数成倍增加。"

在第三届中日围棋擂台赛开赛前,日方主将加藤正夫说:"要豁出棋士的生命和荣誉来参加这场比赛。"这场比赛,聂卫平战胜主将加藤正夫,取得擂台赛三连胜。

1988年,在中日擂台赛中,11连胜的聂卫平被中国围棋协会授予"棋圣"称号。

陈毅元帅曾经对聂卫平说:"围棋是我国创造的,现在日本的水平比我们高。我们一定要赶上和超过日本。"在战胜了日本棋手之后,聂卫平、陈祖德特意在八宝山公墓陈毅元帅的遗像前,焚烧了聂卫平击败日本棋手的棋谱,表明他们终于实现了陈毅元帅的梦想。

中日围棋擂台赛　　1984年,举办了第一届中日围棋擂台赛,这是中国和国外开设最早的围棋对抗赛。

最初,中日两国各派 8 名选手,各设一名主帅,以打擂台的形式决出最后的胜负。

在最初的三届比赛中,中国棋手聂卫平保持九场不败的纪录,并让中国队获得了头三届比赛的胜利,聂卫平也因此被封为"棋圣"称号。

直到 1997 年,中日围棋擂台赛共举行过 11 届,中国队以 7 比 4 的成绩胜出。

❀ ❀ ❀

一日一钱,千日千钱,绳锯木断,水滴石穿。

——(汉)班固

从小儿麻痹症患者到人民艺术家

在话剧舞台上,他是忧郁、俊秀的大少爷周萍,是衣袂飘飘、风采超然的诗人李白。

在电视剧中,他是《编辑部的故事》中魅力四射的诗人,是《英雄无悔》中英俊深沉的男主人公。

在电影里,他是《最后的贵族》中让女人们一爱就是几十年的贵公子,是《一轮明月》中的大师李叔同!

他就是濮存昕,一个充满魅力的演员,一个活跃在舞台上的艺术家。

但是,令人们想不到的是,他竟然曾经是个"瘸子"。

1953年7月,濮存昕出生于北京一个演艺之家,他的父亲是北京人民艺术剧院的演员、导演。

在濮存昕一岁多的时候,不幸的事情降临了,他患上

了小儿麻痹症。

当他的父亲接到这个电话时,眼前一黑,几乎晕倒,因为他知道,那个时候患这种病的孩子很多,几乎无一例外地留有后遗症。想到自己的儿子会残疾一生,他不能接受这样的现实。只要有一点希望,他就不会放弃。

功夫不负有心人。在中医大夫的治疗下,濮存昕的病情开始有了好转迹象。几天后,濮存昕的大脚趾能动了。又几天后,濮存昕的小脚趾能动了。

几个月后,濮存昕的脚脖子能动了。

他的病情慢慢地好转,但是直到小学时,他也只能把一个四条腿的板凳当拐杖,一点点挪动着。

当他升入中学时,还必须依靠拐杖走路。

每天,他挂着拐杖上下学,一瘸一拐的,看着让人心痛。狭窄的胡同,道路坑坑洼洼,一不小心就有可能摔倒。

一次,在上学的路上,濮存昕一不留神摔倒了,他挣扎了一下,没能站起来。几个调皮的孩子从旁边经过,大呼小叫地叫着"濮瘸子、濮瘸子"。

濮存昕没有理会,他倔强地从地上爬起来,用力拍掉身上的泥土,对着嘲笑他的孩子,大声地说:"你们笑什么,是这里的路不平,又不是我的脚不平。"

另外几个大点的同学从这经过,看到此景,忍不住责

备调皮的孩子。等他们把几个小孩批评得面红耳赤后,他们发现濮存昕早已头也不回地朝学校的方向走去了。

但是,奇怪的是,只零星地听见拐杖敲地的声音。他们仔细一看,原来,濮存昕将单拐夹在腋下,故意把身体的重心放在病脚上,用自己那条做过手术的腿向前跳,每跳一步都非常吃力。他跳几步,就要停下来,然后接着跳,以此来增强自己脚部肌肉的活力。与他交好的同学知道,他的腿上还绑着沉重的沙袋呢!

为了能像健康人一样走路、跑步,濮存昕一共做了5次手术,每次手术都异常痛苦。

当爸爸妈妈心疼地提出不要再手术时,坚强的濮存昕却说:"做吧,只要这条腿的病能好,我不怕,多痛我也不怕。"

因为他一直在想:"我为什么不能像那些体育好的同学那样呢?他们多好啊,我什么时候能像他们一样?"

他一直想成为一名优秀演员。虽然家里人觉得这已经是奢望,但是濮存昕没有放弃。他要手术,他要锻炼,他不能自己打败自己!

最后一次手术做完以后,在挂着双拐时,他就已经开始练习打篮球了。

他全力以赴参加多种运动,努力锻炼自己的腿部肌肉。当濮存昕回忆那段岁月时,他微笑着说:"你不让我加入,我就在边上等着,总会有缺人的时候,逮着机会我就上。跳皮筋也是,男生一般不玩这个,可女生欢迎我。"

濮存昕走得更稳了,跑得更快了。数年后,人们几乎看不出来这个大个子曾经是靠双拐来行走的。他不仅可以像正常人一样生活,而且一直以健康的形象出现在人们面前。

1969年3月,濮存昕来到了黑龙江生产建设兵团二师十五团,开始了他的插队生活。

每天,他不仅要农耕,还要架电话杆。即使条件再艰苦,他也没有放弃自己对艺术的追求。1970年,濮存昕在京剧《沙家浜》中饰演了县委书记程谦明。这是濮存昕出演的第一个戏剧角色。

8年的插队经历,对濮存昕的艺术人生产生了深远的影响。由于他在北大荒放过马,所以在日后拍摄电视剧《曹操与蔡文姬》时,拍马戏得心应手。

1976年,空政话剧团招生,濮存昕报名参加了。考试时,他选择表演小品《刷马》,添加噱头,考官觉得很有生活气息,对此特别满意。于是,濮存昕开始了跑龙套的生涯。他拉过大幕,演过出场不到3分钟的飞行员等。

但是他珍惜每一次机会。终于,濮存昕得到了出演男

主角的机会,就是在王贵执导的话剧《周郎拜帅》里演周瑜。王贵夸他,说:"好,像你父亲,儒雅风流。"

但是,濮存昕闻言竟然哭了,因为他听明白了,自己的父亲苏民是北京人民艺术剧院副院长,学养深厚,可是表演时难以融入个人风格。他爱他父亲,但不想在表演上像他父亲。王贵指出的就是濮存昕早期在舞台上的局限。

但是,北京人民艺术剧院老演员蓝天野看了《周郎拜帅》以后,非常欣赏他,于是,找王贵商议,想借濮存昕扮演《秦皇父子》中的太子扶苏。

1985年,在北京人民艺术剧院新春晚会上,蓝天野告诉了濮存昕这个消息。濮存昕顶着巨大的压力,于第二年,进入了北京人民艺术剧院剧组。

后来,他正式进入北京人民艺术剧院当演员,圆了父亲的梦,圆了自己的梦。

这个曾经被人嘲笑的"濮瘸子",如今健步如飞,成了家喻户晓的艺术家。回顾自己的成长之路,他说:"当我在成长中遇到困难,最想放弃的时候,梦想点燃了我的希望,让我明白,如果我好了,至少还有做梦的机会。我一步步地坚持、一步步地生活着。我坚持下来了,所以我成功了。"

北京人民艺术剧院 1952年6月12日晚,在北京市东城区史家胡同56号(今20号)院内,举行了北京人民艺术剧院建院大会。北京市副市长吴晗代表市政府宣布北京人民艺术剧院成立,并宣布曹禺为北京人民艺术剧院院长,焦菊隐、欧阳山尊为副院长,赵起扬为秘书长。

1953年4月1日,《春华秋实》在此首演,这是建院后上演的第一部大戏。1957年1月31日,《虎符》首演。

北京人民艺术剧院多年来上演的主要剧目有《蔡文姬》《关汉卿》《茶馆》等。

志于道,据于德,依于仁,游于艺。

——(春秋)孔子

"酷小丫"的世界冠军成长记

还没走进家门,张怡宁的妈妈就远远地听见了"扑通""扑通"的声音,她摇了摇头,好动而淘气的女儿又在折腾了。

果然,一进屋,就发现一个悬挂的气球,随着一声"晴空霹雳"的叫喊,"砰"的一声碎了一地。自从女儿看了电视连续剧《排球女将》之后,家里就成了让张怡宁苦练排球动作的运动场。

这样下去可不行,干脆参加个业余兴趣培养班,让这个疯丫头好好被管管吧。

"舞蹈班?"张怡宁摇摇头,干脆地说,"不喜欢,不去。"

"武术班?"老师看她太瘦小,不收她。

"游泳班?"张怡宁愿意,但是教练说她肩太靠前,不适合练习。张怡宁在镜子前,反复看了好几天,也没有弄明

白什么是肩太靠前。

折腾了好几次,张怡宁都"出名"了。幸好,喜欢乒乓球的舅舅把她领到了北京东单业余体校乒乓球队。

初次见面,教练并未发觉这个瘦小的小丫头有什么过人之处,而且报名时间已经过了,所以不肯收下她。但是舅舅的诚意打动了教练,教练答应留下她,并试训两天。

试训中,教练发现张怡宁力量不大,但爆发力强,球感不错。更为重要的是,小小年纪,她竟能表现出超然的冷静。只要一拿起球拍,站在乒乓球台前,小脸就绷了起来,周围什么都干扰不了她。这天生的心理素质,难得呀!没等试训结束,教练就跟她说:"咱可就留在这儿了,不去别的地儿啦!"

张怡宁使劲点点头,心里想:当然了,终于能有个我喜欢又喜欢我的地方要我了。

那一年,张怡宁才5岁。

从此,张怡宁就与乒乓球结下了不解之缘。

上体校、训练、回家,张怡宁经常累得摇摇晃晃。看着再没有力气淘气的女儿,妈妈心疼了,劝她不要练了。倔强的张怡宁摇摇头,有气无力地反驳:"不,我喜欢。"

第二天,她又精神抖擞地出现在了体校里。

9岁时,张怡宁第一次代表北京市东城区出战。初生牛犊不怕虎,一路过关斩将,她竟闯进了决赛。

哈哈,对手是交过几次手的一个小伙伴。在两个人的对局中,张怡宁从来没输过。

但是,比赛没有像张怡宁事前想的那样轻松。

第一局:打平。

第二局:打平。

第三局打成了15:13,对方领先。

张怡宁一下子崩溃了,没想到知根知底的对手会突然变得这么厉害。她越打越委屈,突然,"哇"的一声哭了起来。但是,她一边掉着眼泪,一边继续挥拍打球。

观战的教练实在忍不住了,笑着说:"瞧这姑娘,是打算用眼泪把对手打败啊!"

但是,真没想到,这一招真管用。对手见过张怡宁淘气的笑脸,见过张怡宁紧绷的冷面孔,就是没见过张怡宁的眼泪。她一下子慌了,分神了,没能保住那股领先的势头,让张怡宁扳了回来。

张怡宁拿了北京市冠军,获得了正式比赛中的第一个冠军,并一战成名,成了"哭赢"的冠军。

后来,张怡宁进入什刹海体育运动学校,那时她只不过是一个10多岁的孩子。

但是,王教练很快就发现她的与众不同之处:她把打乒乓球当成了一种游戏,一门心思地去练习,单纯而执着。正是凭着浓厚的兴趣,她学起来很投入。拉弧圈、两面攻等许多技法,其他人学习起来很吃力,而张怡宁学起来却得心应手。

但是,张怡宁也有自己的弱点——重视知名运动员,轻视无名对手。对手越强,她打球越起劲;而面对不知名选手,她总是喜欢先让球,然后慢慢扳回,特别有成就感,但有时控制不好就会因此失利。

在2000年悉尼第27届奥运会前夕的世乒赛上,中国队先是以2:0领先对手,张怡宁第三个出场,她一心想赢得更精彩,结果反而不断失利,最终输掉第三局。尽管中国队最终以3:1赢了,但是国家乒乓球队对张怡宁进行了严厉的批评,她因此没能参加悉尼奥运会。

经历了坎坷与挫折,在教练的帮助指导下,张怡宁慢慢地成熟起来,将打球从一种兴趣变成了一种责任,从而赢得了一个又一个冠军。

2005年,张怡宁又夺取了世乒赛的女单冠军,从此乒坛进入了张怡宁时代。

与爱笑的乒乓球世界冠军王楠比起来,张怡宁是一个"酷女孩",人们喜欢她紧绷的冷面孔,亲切地叫她"冷

面杀手"。

但是实际上,王楠与张怡宁不仅仅是队友,更是情深义重的姐妹。

2001年的世乒赛,王楠和张怡宁双双杀入决赛。但是,在这次比赛中,王楠表现得不够好,张怡宁却表现得很稳定。不过,在决赛中,形势一下子逆转,在王楠的霸主"范儿"面前,张怡宁慌乱急躁,甚至被认为是"消极比赛"。但是,在领奖台上,王楠将自己的金牌挂在了张怡宁的脖子上。

离开比赛场馆后,王楠拉着张怡宁,如同往常一样去吃冰激凌,并耐心地开导说:"你的水平没有问题,主要是太想赢比赛了,这样反而给自己造成很大的压力。你还年轻,以后会有机会的。我当年也是从邓亚萍的阴影下走出来的。"

在2008年的北京奥运会上,张怡宁战胜了王楠,获得了女子单打冠军,这是王楠退役前的最后一战。两个好姐妹拥抱在一起,没有竞争的残酷,有的只是姐妹情深和为祖国而战的决心。

但是这个世界冠军,在妈妈眼中,就是一个除了乒乓球什么也不上心的孩子。她每次回到家,就追着家里的小狗疯跑,像小时候一样,将屋里弄得乱糟糟的。而妈妈则一边收拾,一边笑着责骂"疯丫头"。

就这样,张怡宁一路打拼,开创了中国乒乓球的张怡宁时代。

北京什刹海体育运动学校 北京什刹海体育运动学校前身为北京市什刹海青少年业余体校,1986年被正式命名为"北京市什刹海体育运动学校"。

该学校为国家培养了众多优秀体育人才,有38人获得世界冠军,其中有7位为奥运会冠军,如滕海滨、张怡宁等。

❋ ❋ ❋

对付贫穷要有勇气,忍受嘲笑要有勇气,正视自己营垒的敌对者也要有勇气。

——[英]罗素

心系民工的哈佛大学高材生

6月,对于每一位高三的学生而言,是最后冲刺的日子。但是,6月对北京四中道元班的学生李江来说,却已经是尘埃落定的时刻,这个已经被国外12所知名大学录取的17岁才女,即将远赴美国哈佛大学攻读物理和社会学,开始她人生的新旅程。

此时,纠结在她心中的却是一种"不能呼吸的痛"。

为什么是"不能呼吸的痛"呢?

话说在2012年,李江的一个亲戚患上了肺病,其原因在于尘埃。

一向喜欢钻研的李江,立刻被这个问题吸引了。什么尘埃竟然可以置人于如此悲惨的境地?她开始反复地查

阅相关资料，咨询相关的专家，才明白原来尘肺病竟然是中国的头号职业病。

中国的头号职业病！自己竟然不知道。李江陷入了深深的思考中。不行，自己要行动起来。于是，李江开始搜索相关的信息，找志同道合的伙伴。

她和同学王诗毓开始利用假期时间，专门跑到北戴河国家煤矿安全监察局尘肺病康复中心去当志愿者，向在那里治疗的病人了解情况。

她们看到一个又一个患尘肺病的人丧失了生活自理能力，最大的期望就是能够没有痛苦地呼吸一口气。李江、王诗毓更加频繁地来到康复中心，期望自己能够给病人带去一点欢乐、一点帮助和一点希望。

高中的功课是繁重的，北京四中作为一所重点中学，对学生的课业要求很严格。但是，这两个同学没有因此而放弃自己的行动。因为，她们很清楚自己是为了什么学习并生活在这个世界上。在北京四中的开学典礼上，刘长铭校长的讲话常萦绕在她俩心头，"四中人应当追求怎样的一种生活意义呢？他在做任何一件事情的时候，都想到并实践这样一句话——让世界变得好一点"。

李江对王诗毓说："怎样才能真正地帮助他们呢？仅咱们两个人的力量太小，必须用一种方式，像杠杆一样，撬

动更多的力量。"

她们两个反复琢磨着,怎么才能让更多的人知道尘肺病患者,又怎样才能让更多的人去帮助他们?

时间一天天过去了,她们没有找到好的方法。

这个时候,王诗毓对摄像产生了浓厚的兴趣,她每天拉着李江一起讨论各种电影。一天,正在看电影的两个人灵光乍现,心有灵犀地拍掌叫道:"拍一个关于尘肺病人的公益片。"

两个人都是"行动派"。北戴河中国煤矿工人疗养院、山西钢铁集团和贵州的一个采金小山村……她们体验到了尘肺病矿工的痛苦,认识到了尘肺病矿工为社会奉献光和热,却身患重病,因病返贫。

暑假里,她们到处奔波、采访;开学了,她们利用空闲时间继续调研。有人心疼了,劝她们放弃;有人不理解,说她们不务正业。

两个女孩子总是说:"尘肺病人很痛苦,那些吸进肺里的煤灰和金属会把肺变得纤维化,最终导致呼吸困难,很多尘肺病人到了晚期不能平躺,只能跪着睡觉,非常痛苦。"

几个月过去了。她们两个人自己采访、自己剪辑,终于制作了一部38分钟的公益片。她们把公益片放在了网上,期望社会各界的人关注尘肺病人。

很多人被打动了，纷纷跟她们联系。她们身边的人也开始行动了。北京四中的爱心社与两个女孩一起，举行了大型义卖募捐。义卖募捐现场，灯光暗了下来，触动人心的音乐慢慢地响起来了。"不能呼吸的痛"几个字沉甸甸地击打着人们的心。

没有高超的技巧，没有炫目的色彩，有的只是沉甸甸的尘肺病患者的痛苦。公益片《不能呼吸的痛》传递了两个女孩的爱与真诚。

当场募集了5万元善款。

25名尘肺病人因此而获得了目前最先进的"洗肺"技术治疗费用，有了第二次生命。

2012年6月，中国煤矿尘肺病防治基金会专门为这两名高中生的善举举行了捐赠仪式。基金会秘书长张振国表示，这是基金会成立以来收到的第一笔来自90后的捐款，彰显了年轻一代的社会责任感和担当。王诗毓代表全体师生讲话，称他们会把这份爱心传递下去。

2013年，纪录片《不能呼吸的痛》获得国际大学生电影节提名奖。

比起自己即将开启的哈佛生活，李江更愿意跟别人说，她是如何成为中华社会救助基金会大爱清尘基金志愿者的。

尘肺病 尘肺病是一种危害健康的职业病,每年给国家造成直接经济损失达80亿元。这种致残性职业病,目前尚无特效药物治疗。

1991年,国家煤矿安全监察局尘肺病康复中心(中国煤矿工人北戴河疗养院)首创"双肺同期"灌洗新技术。

✲ ✲ ✲

如果你的存在没有能让这个世界变得好一点,你就不是一个真正意义上的成功者。

——刘长铭

"邪童"正史

5岁的蒋方舟哭了。

她不是为了没有得到心爱的玩具,不是因为和小朋友吵了架,而是为了一个她以前从不知道的地方——撒哈拉而哭泣,是为了一个她不认识的人——三毛而落泪。

一天下午,妈妈下班回家,发现屋子里一片漆黑,而本来应该乖乖看书的蒋方舟正在无声地落泪。

那本打开的《撒哈拉的故事》,已经被泪水打湿了。

妈妈不知道如何安慰聪慧而善感的女儿,心中百感交集:女儿真的继承了自己的文学天分,这是她第一次被文学打动,她只有5岁,本来应该是不知道什么叫忧愁的岁月。或许,真的就是"人生识字忧患始"吧!

7岁的蒋方舟失望了。

看着报纸上排成整整齐齐的豆腐块,那是自己写的文章吗?有些陌生,觉得规规矩矩又不像自己的了。文章下面是她的名字,印在报纸上,似乎不太认识了。

妈妈以为蒋方舟会非常惊喜。她买了一个漂亮的本子,打算让女儿把发表在报纸上的文章剪下来,贴在本子上。这是第一篇哟,仅仅7岁的女儿,已经开始发表作品了。以后会有第二篇、第三篇……直到这个本子贴满,她就会长大吧。

但是敏感的妈妈发现蒋方舟正在咬着嘴唇,一副若有所思的样子。了解女儿的她知道,蒋方舟不高兴了。

"为什么不高兴呢?这不是你盼望的吗?"

"是,不是……"可以流畅地用纸笔表达的女儿此刻却似乎丧失了语言能力。

"到底怎么啦?"妈妈开始严厉了。

蒋方舟吓了一跳,立刻清醒了过来,说:"这篇文章,虽然只有400多字,但是我写了7个多小时。我以为发表作品,编辑阿姨会给我一块手表,但是……"

妈妈实在忍不住大笑起来,到底还是个孩子呀!蒋方舟委屈地站在那里。

9岁的蒋方舟害怕了。

那天晚上,她正在读《生命不能承受之轻》。那是很多孩子正在看动画片、读漫画书和拼音故事的年龄,蒋方舟已经开始懵懂地去看生命、看人生。

妈妈的咳嗽声让蒋方舟抬起了头。蒋方舟知道妈妈一定是有事情要对自己讲了。

"方舟,你知道吗?国家法律给小学生出台了一条新规定。"

"新规定?是什么呀?"蒋方舟有点奇怪,妈妈到底要说什么呢?

"法律规定中国小学生在小学毕业之前必须写一本书,否则会被警察叔叔抓起来。"

警察叔叔?抓起来?天呀,太可怕啦!

妈妈什么时候离开的,蒋方舟没有注意到,更没有留意到妈妈脸上狡黠而得意的微笑。她焦急地思考着,自己要赶快动手,千万不能被抓起来。

蒋方舟虽然还没有想好写什么,但是她马上铺开了稿纸,拿起了笔,开始了自己的文学思考。

这个三年级的小学生,开始为了自己的自由而奋斗了。每天至少写500字,这是她给自己的规定。

9岁时,她的第一本书《打开天窗》结集出版。

后来她知道中国根本没有什么法律规定小学生在小学毕业之前必须写出一本书,这是妈妈对她的善意欺骗。

13岁的蒋方舟突然变得幼稚了。

厚厚的大部头不看了,严肃的文艺片扔到了一边。而是看动画片、漫画书,甚至童话书。蒋方舟突然变小了。

看着一边吃零食、一边跟着动画片傻笑的蒋方舟,妈妈吃惊地揉了揉眼睛,是时光倒流了还是孩子被换了?

这还是那个读《金刚经》《二十四史》的蒋方舟吗?还是那个跟她讨论诸子百家的蒋方舟吗?还是那个从12岁起就在报纸上开专栏《正在发育》的蒋方舟吗?

这个孩子中邪了吧!

"怎么看起这些动画片了?你不是一直觉得幼稚吗?"

蒋方舟咽下嘴里的零食:"我要补课啦,同学们谈起他们小时候看的动画片、童话书,我都不知道。我要补回我的童年。"

妈妈沉默了,这个孩子真的是太辛苦了。除了要像其他孩子一样,认真学好6门功课外,每个月还要交20篇专栏。疲惫的孩子,常常晚上8点睡觉,次日凌晨4点爬起来,一直写到早晨7点再去上学。

　　这个晚上，母女二人一起看着动画片，仿佛真的回到了蒋方舟从来没有过的童年。但是，她们并不知道，《正在发育》已经让蒋方舟在全国被关注了。

　　2003年，蒋方舟在《新京报》和《南方都市报》开设专栏《邪童正史》。

　　2004年，蒋方舟出版第6本书《邪童正史》。

　　2005年，她当选为中国少年作协主席。

　　2008年，蒋方舟进入清华大学，成为新闻与传播学院的一名本科生。其散文《审判童年》获得了"人民文学奖"与"朱自清散文奖"。她在文中谈出生、谈记忆，"审判"自己的童年。老师在她毕业论文的评语里写道："你这孩子，大学里做了别人两倍时间都做不完的事……"蒋方舟泪流满面，因为有人董她了，她从七八岁开始写作，就一直没有停过；别人过一天，她得当两天去过。有时候，她也觉得挺疲惫的，但写作是她最喜欢做的事情，她从来不觉得苦和单调。

　　2012年，蒋方舟大学毕业，任《新周刊》副主编。

　　《新周刊》执行总编封新域在微博上写道："祝贺蒋方舟同学大学毕业，同时，祝贺蒋方舟同志就任《新周刊》杂志副主编。"

消息一出,议论四起,有赞美、有叫骂……蒋方舟却泰然处之:"我用了大学4年时间,尝试了各种事情,现在写电影剧本、话剧,都算是尝试。但现在不能说大话,因为话说过了就等于打自己耳光;小时候说大话太多,现在知道这是一个不好的习惯。长远来看,我觉得30岁以前会尽量试着犯错,犯错其实也是一种收获。"面对人们的质疑与询问,她说:"如果不适合,要么适应、要么改变,如果不顺心,努力让步调一致。但一开始不会做预设,这不是我的风格。"

未来的路会怎样,蒋方舟还不知道,但是她说:"自己走过的路,就是'邪童正史'——内心是魔教,走的却是最常规的一条路。'有没有梦想'是我鉴定同族最基本的条件,梦想再可笑也胜过没有。"

知识链接

《邪童正史》 蒋方舟的《邪童正史》是以一个"邪童"的口吻来书写一个个中国历史小故事。

如大家熟悉的"神农",在书中被描述为一个生活有规律的人:"早上起床,晚上睡觉;吃食物,穿布衣,和一只麋

鹿住在一起；知道妈是谁，不知爸是谁；没有害人之心，是个好人。"

作品中虽无微言大义，却有着独特的童真、童趣。

❋ ❋ ❋

志之难也，不在胜人，在自胜。

——《韩非子》

谁的青春比我狂

2006年7月28日,三联韬奋中心正在举办吴子尤文集《谁的青春有我狂》的新闻发布会。人们看到书的扉页上写着:"20世纪出生的天才作家里,女的只有一个,张爱玲;男的就是我,子尤。"

但是在现场,人们没有看到这个青春张扬的男孩。吴子尤——这个15岁的少年,正在病房里接受记者的采访。

病房里,吴子尤的妈妈柳红看着自己的儿子,仿佛看到了那个充满阳光的下午。那时,他还是个孩子。在一个小型聚会上,一群大人在聊天,孩子们却挤在另一个房间听吴子尤讲卓别林的电影。

吴子尤像往常一样,仿佛是一个专家,一边放光盘,一边讲着自己对卓别林的喜爱。有人听吗?不知道,只听到

孩子们的笑声阵阵传来。

电影看完了,他们又开始像往常一样做各种游戏。子尤在游戏中是罪犯,由充当警察的两个小女孩追赶着。终于,子尤被抓住了。游戏在继续,子尤正被捆在椅子上接受审讯。

审讯的结果却是审判者笑翻在地,被审者一脸得意。

在别人的眼中,子尤是个才子,4岁听故事、5岁说相声、6岁看卓别林电影、7岁开始试文笔、8岁转向写作,小说、散文、随笔、现代诗、古体诗、杂文,他都会写。连作家李敖都称赞他"很有才气",还曾经特地来北京看他。

妈妈知道,子尤常常对自己感兴趣的事情着迷。他喜欢卓别林,每年都会写有关卓别林的文章;他喜欢相声——喜欢听、喜欢说,甚至喜欢写相声。

上课的时候,他忽然唱起了歌,只是因为使劲回忆的一句歌词终于想起来了,一高兴便唱出声来;走在街头,他突然停下来,像遇见老熟人一样对天上一片白云挥手。他在自己的世界里可以旁若无人。

柳红一直以为,儿子会一直这样快乐、自由地生活,直到岁月流逝,直到白发苍苍。

她多么不想回到子尤的14岁呀!

2004年2月,子尤和柳红一起外出。如同以前一样,子尤又在浮想联翩。经过一座天桥时,看到马路上的人群熙熙攘攘、车来车往,子尤突然对妈妈说:"我希望有一个传奇的人生!"

那时天空很蓝,柳红看着子尤青涩的面庞,不知道儿子的传奇会是什么。

谁知道,一个月后,这个"传奇"的人生预言竟然残酷地应验了,子尤被诊断出患有恶性纵隔肿瘤。一次手术、两次胸穿、三次骨穿、四次化疗、五次转院、六次病危……子尤的青春岁月,从此充斥着病痛。

别人关心、怜悯的目光,让子尤轻轻哂笑:"偏偏我又生了这么大的病,这真是上帝送给我的最好的礼物!作家多,但得病又写病的作家少;病人多,但病人是作家的少。我经历了病痛,在这过程中写出了无数文字……我给你们看我的生,给你们看我的死、我的爱、我的痛,分享那份感受,因为我的生、死、爱、痛,所有人都会经历,能有记录与分享这种体验的机会是多么难得呀!"

成为作家,是子尤的梦想。妈妈希望这个梦想能够实现。

中国少年儿童出版社把子尤8岁到15岁的创作结集成书,想用书名《我和上帝掰手腕》。

子尤皱了一下眉头,说:"不,我想书名应该是《谁的青春有我狂》。谁的青春有我充实?谁的青春有我丰富?要说有点狂,那也只是因为生病,不用去学校,生活状态因为自由变得更加奔放而已。"

在《自序》里,他写道:"这是一本非常精彩、有趣的作品集。里面详细记录了作者14岁的所思所想。这一年,有两个词汇是布满作者思绪的每个角落的,即疾病与女生。疾病代表着苦难,女生预示着希望。身在病房,作者与疾病为伴,享受不尽;和女生一起,则初尝思念的滋味。""一年的经历惊心动魄,这是外人看到的情景。作者要做的只是冷静面对,张开双臂迎接每一天。在疾病之神不停地将死亡的烟花爆炸在作者头顶时,作者却每日高歌着女生的名字。"

在人们的眼中,子尤不再是悲伤的代名词,他的身上充满着青春的气息。虽然他被病痛折磨得瘦弱不堪,但是他总是喜欢戴上鲜红的围巾,让大家看到自己的青春在挣扎中张扬。

一个大朋友满怀悲伤地给他写信,他在信上调皮地进行批注,仿佛金圣叹在批注《水浒》。

信上说,当子尤蜷曲着身体倒在地上……他批注,"我成大虾米了"。信上说,他在病房里每天看到插着管子的人一个个被推进来,又看到一个个盖上白布被推出病房,他批注,"怎么好像在太平间啊"。

疾病与痛苦在这里消解,他好像生活在一个快乐而自由的空间。柳红环视着病房,这里真的不像一个病房。

到处都是书,子尤看过的、想看的。墙壁上贴满了电影海报,子尤喜欢的、来不及看的。同学们送给他的生日贺卡贴在他的床头,不知道下一个生日的祝福是否会再贴上。桌子上摆着棋盘,随时等着人来对弈。

只有旁边放着的、随时要吃的药,残酷地提醒着人们这里住着一个病人。

此时的子尤正在和伙伴们讲着自己肆意编造的各种场景和剧情,一起哈哈大笑。

有人问:"子尤,那部以学校为原型的魔幻小说写完了吗?我是你的主角吗?"子尤立刻翻出稿子,大家一起指指点点。

突然,子尤高声叫着:"妈妈,你来一下。"

子尤刚刚讲完自己练习跆拳道的窘事,却不甘心地显摆:"我妈妈可厉害了,手脚伶俐。妈,你劈个叉,给他们看

看。"然后又自言自语:"你们说,我怎么一点没有遗传呢?"

柳红虽然无法抑制自己的悲伤,但是她一直保持着最美好的样子。当很多病人家属哭泣的时候,她认真地为自己挑选衣物、用心梳妆。

因为儿子说,在自己的青春里,美丽的妈妈不能缺席。

2006年10月22日凌晨2时50分,16岁的吴子尤在北京复兴医院停止了呼吸。

人们总是以为子尤会永远地、快活地活下去,热情而张扬,总是忘记这是一个正在疾病中挣扎的孩子,总是觉得在他身上会发生奇迹。子尤总是说:"我过得极为丰富而充实,所有的苦都见识了,肉体之苦、精神之苦、人情之苦与非人情之苦,所有的乐也都经历了,我是全世界最幸福的人……"

《谁的青春有我狂》 《谁的青春有我狂》讲述了15岁少年吴子尤眼中的生、死、爱、痛。他在医院的病床上,读书、看电影,书写"好莱坞最后的不逊"和让他心痛的"妞妞";他躺在灵魂的病床上,享受生活的玩笑,接受生命的

考验,向青春高歌宣战。

吴子尤用《谁的青春有我狂》向青春宣战,向所有爱着他的人,尤其是他的妈妈表示感谢。

❈ ❈ ❈

天行健,君子以自强不息。
——《易经》

守望"留守儿童"家园的留守儿童

"芒果汁易拉罐是铁的,一角钱3个;健力宝罐子是锡的,一角钱1个;塑料瓶一角钱3个……"小学生谭海美一口气能说出十几种饮料的名称和瓶罐价格,但是她从来没有尝过任何一种饮料的味道。

谭海美出生在安徽肥东县一个农民家庭。

她是一个可怜的孩子。在她6个月的时候,她的父亲在打工中不幸失去了左手,右臂粉碎性骨折,高达十几万元的医疗费让原本贫困的家庭债台高筑。几年以后,不堪忍受贫困生活的妈妈离开了这个贫困的家。为了谋生,她的父亲将3岁的她带到合肥郊区,让爷爷奶奶抚养。

爷爷奶奶的生活也很艰苦,爷爷用一辆破旧的摩托车载客,奶奶捡破烂。但是,艰苦的生活,没有让小海美丧失

生活的勇气。

每一节课,她都认真地听;每一次作业,她都认真地完成;每一次班级活动,她都积极参加。她是班里、学校里优秀的学生。

但是,最让同学们佩服的不仅仅是这些。

每逢周末和寒暑假,小海美都会跟奶奶一起捡破烂。她耐心地在垃圾堆里翻找,经常弄得浑身脏兮兮的。

一天,她在捡废品回来的路上碰到了班上的同学。

"海美,海美。"大家亲切地叫着她,有人还亲切地拉她的手。

"呀,这是什么,怎么这么脏?"突然一个同学发现自己的手被弄得很脏。

"你怎么弄的!看身上、手上,怎么这么脏!"有的同学抽着鼻子,嫌弃地说:"什么味呀,这么难闻。"

小海美连忙道歉:"不好意思,不好意思!我帮奶奶去捡破烂了,还没来得及洗干净。"

"什么?捡破烂!多丢人呀!"有的同学惊讶,有的同学同情,有的同学流露出一丝看不起的神情。

小海美很坦然地说:"我不偷不抢,没什么丢人的。我捡破烂是为了攒钱读书,帮爸爸还账。"

同学们想起来了,小海美一直非常勤俭节约:从不

买零食吃,掉在桌上的饭粒也要捡起来吃下去;她用铅笔做作业,写满后用橡皮擦掉接着用,直到纸被橡皮磨破为止……

慢慢地,同学们开始理解她了,不仅没有看不起她,有的还偷偷地给小海美塞点心。

不久后的一天,班上的同学们发现小海美这几天只要放了学就匆匆地离开,一大早也是带着黑黑的眼圈跑进教室。

后来同学们偶然得知,原来小海美的奶奶生病了。每天上完课,她都要急急地赶回去照顾奶奶。

奶奶病好了,小海美却瘦了一大圈。

谭海美写了一篇作文《我的奶奶》,文中流露出一个留守儿童对奶奶的真情和对完整家庭的渴望。这篇文章在一家杂志社的作文比赛中获得了银奖。人们纷纷来信、来电,对谭海美表示同情,希望能够帮助她。也有好多留守儿童找到她,觉得她写出了自己的心里话。

尽管有很多的留守儿童找她,但是她没有觉得烦,反而萌生了一个大胆的想法——成立"留守孩子小队",互帮互助,让"留守孩子"不再孤独。

她的想法得到了学校和老师们的支持。

2012年,第一个"留守孩子小队"在她就读的六家畈镇养正中心小学成立了。通过小队的活动,孩子们的课外

生活更加丰富多彩了。

小海美的自强精神感动了周围的人。由于表现突出，她年年被评为"三好学生"，多次获得"优秀少先队员""文明少年"等荣誉称号。

2011年10月，她荣膺第十届"全国十佳少先队员"称号。

一次，她参加联合国儿童基金会和中国宋庆龄基金会联合主办的"首届儿童发展国际论坛"。会议期间，谭海美发现会员们每天都会剩下许多糕点。她觉得扔掉很可惜。于是，她忍不住问工作人员："这些糕点你们会怎么处理呀？"

"倒掉呀！"

太浪费了，谭海美看不下去了。她拿来了干净的塑料袋，问道："这些剩下的点心，可以给我吗？"

工作人员看着这个乖巧可爱的小姑娘，忍不住逗她："小姑娘吃那么多甜食，不怕发胖呀，不怕生蛀牙呀。"

"我不是自己吃，是带给班里的同学吃。他们总是给我买点心吃，我也想让他们尝尝我的点心。我还想带给家里的爷爷奶奶吃，他们都没有吃过。"

工作人员一下子说不出话来，这是一个多么懂事、让人心疼的孩子呀！

就是这样一个乖巧的孩子，在认真地生活、认真地成长，她关心家人、关心朋友、关心身边每一个人，更关心着

每一个与她命运相同的人。就是这个普普通通的孩子,她有一个梦想——想建一个留守儿童网站,让留守儿童可以自由地在一起交流、学习。

让留守儿童不再孤独,是这个孩子的梦想,也是我们许多人的梦想。

留守儿童 留守儿童是中国的弱势群体。他们的父母为了生计外出打工,他们被留在农村或城市的家里,一般与自己的隔辈亲人,甚至是其他的亲戚一起生活。

人若志趣不远,心不在焉,虽学无成。

——(宋)张载

六年助残同窗情

2006年的那个夏天,一个普普通通的日子,李安宁遇到了郑子昂。

那时,小学四年级的李安宁刚刚转学,这是他来到新学校的第一天。

下课铃响起来了。

李安宁对新班级觉得陌生,没有熟悉的老师,没有熟悉的同学。他悄悄地走出了教室,走到了楼道里。

忽然,他看到了一辆缓缓滚动的轮椅,从他面前滑过。他的眼睛忍不住追随着那辆轮椅,轮椅向操场另一边的卫生间滑去。

李安宁立刻跑了过去,他下意识地上前推起轮椅,耐心地扶起轮椅上的少年,帮助他上卫生间。在真诚的道谢

中,他知道了他的名字——郑子昂;他也知道了他的名字——李安宁。

对郑子昂而言,他以为这不过是一次偶然的帮助。

对李安宁而言,他自己也想不到,这轮椅一推就是六年。

第二天早晨,郑子昂如同往常一样,滑动着轮椅赶去上学。刚刚滑出家门,就听到一个声音:"郑子昂,一起上学去。"他还没有回过神来,一双瘦弱而有力的手已经开始推着他的轮椅了。

郑子昂回过头,清晨的阳光那么灿烂,几乎晃花了眼睛。他知道这是昨天帮助过他的同学。但他不知道,李安宁昨天偷偷打听了他家的地址,今天在门口已经等了很久。

这条他自己"走"了四年的路,突然变短了,他们好像久别重逢的知己,有着说不完的话。

快到学校门口了,李安宁热情地说:"明早,我们还一起上学。"

郑子昂轻轻地"嗯"了一声。

这条路他自己"走"得太寂寞了,或许这是一个美好的开始,但是不知道会到什么时候结束。

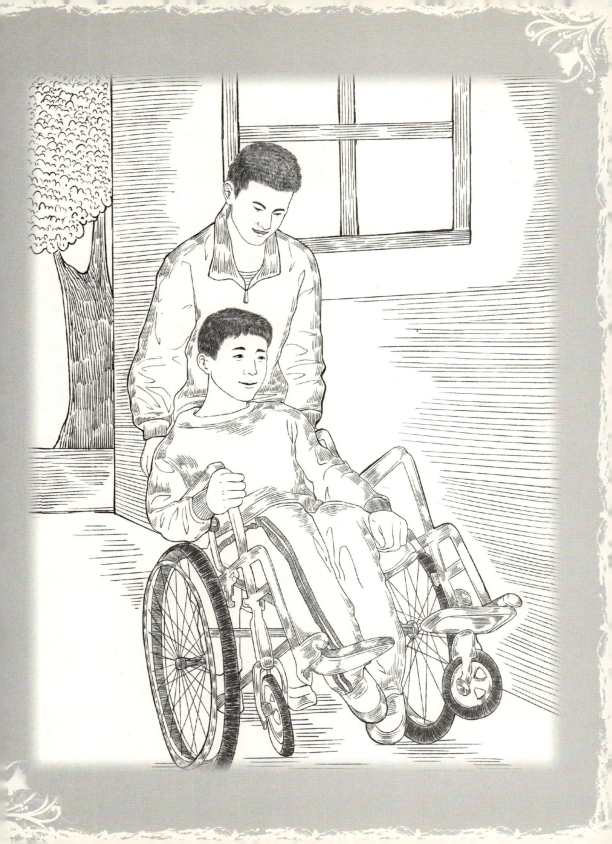

　　一进入教室,郑子昂惊讶地发现,李安宁竟然就坐在自己的后面。看着他疑惑的表情,李安宁开心地笑了,小声说:"我让老师安排的。"

　　郑子昂的心一阵激动,他不知道说什么,讷讷地说:"以后,以后,你若有什么问题不会,我帮你。"

　　李安宁明白,这个善良而羞涩的伙伴正在表示自己的感谢。他连忙说:"肯定问,肯定问,你可不要嫌我烦呢!"

　　"不会的、不会的,我不会烦,永远不会。"郑子昂着急地说。

　　阳光照在两个小伙伴的脸上,明亮而温暖。

　　从此以后,校园里多了一道风景,那是两个小伙伴在一起的身影。

　　班主任一直把郑子昂安排在第一排。天暖时,安排在靠近门口的地方;天冷时,安排在最里面靠近暖气的地方。而李安宁的座位也一直排在郑子昂的后面,以便于照顾郑子昂。

　　郑子昂怕麻烦李安宁,很少喝水,一般上午只去两趟厕所,下午一趟,每天最多三趟。

　　清晨,李安宁推着轮椅,两个人一起上学;傍晚,李安宁推起轮椅,两个人一起回家。大家都说,李安宁是郑子昂的"腿"。

2009年9月,两个人一起升入谢庄乡中学。

开学前的一天,两个人像往常一样在一起学习,郑子昂突然说:"咱们上中学了。""是呀,功课更难了,你这个学霸,可要多帮我呀!"

"当然了。对了,家里给我买了一辆电动三轮车,我自己能上学,你别送我了。三年了,太麻烦你了。"

"不,我都习惯了,你嫌弃我呀!"

他们第一次争论了起来,谁也没能说服谁。

第二天,当郑子昂的电动三轮车一出家门,他像往常一样看到了李安宁,不过今天的李安宁骑在一辆自行车上。

"一起走,我为你保驾护航。"

郑子昂的眼睛模糊了。他知道,为了接他,李安宁一定起得很早。

一路上,李安宁小心翼翼地把郑子昂护在道路里侧,自己靠外侧骑着。两个人十分默契,好像在一起骑过很多次。

到了学校,李安宁先帮郑子昂取来提前放在走廊的轮椅,再把他挪上轮椅,然后推着他进入教室。

初中生活开始了,李安宁依然是郑子昂的"腿"。

一天下午,下起了鹅毛大雪。同学们开心地打起了雪

仗,堆起了雪人。但是,郑子昂却开始发愁了,路肯定难走,怎么回家呀?

李安宁拍着郑子昂的肩膀说:"别担心,有我呢。"像往常一样,两个人一起离开了学校。

风更大了,雪更急了。突然,郑子昂的电动三轮车滑倒在雪坑里,自己也从车上摔了下来。李安宁连忙从自行车上下来,奋力去拉郑子昂。

车很沉,地面滑,两个人一次又一次地摔倒在地。终于,李安宁费了很大劲,才扶起郑子昂和电动三轮车。

看着湿滑的路面、漫天的飞雪,李安宁一咬牙,把自己的自行车锁在路边。一步一滑、一步一滑,他将郑子昂推回了家。

那天夜里,当李安宁回到家中的时候,累得连饭都没有吃,就一头倒在床上。但是,第二天清晨,依然是7点不到,他就站在了郑子昂的家门口。

六年的日子就这样过去了。

从轮椅到三轮,再从三轮到轮椅,每天四次搬上搬下,李安宁做起来,就像抬起自己的腿一样,成了一种习惯。每天绕行两千米,接送郑子昂上学,已经成为李安宁上学的固定路线。

李安宁长大了,已经从那个和轮椅把手齐高的小男

孩,长成了1.74米的小伙子。

郑子昂依然聪慧如故,每次考试都是班级第一名,而且像李安宁一样乐于助人。

他们成了校园里的"传奇"。

如今,李安宁不再是一个人帮助郑子昂。上实验课、微机课、音乐课时,上课教室在二楼或三楼,每次上课前,都会有人自告奋勇地和李安宁一起抬着郑子昂上楼。"上厕所吗?"课间,这是男生必问郑子昂的一句话。李安宁生病不能照顾郑子昂,同学们就会顶上。班里的女同学和低年级的同学们,都成了他们的好助手。郑子昂说他时常被一种幸福感包围着。而大家说,这是谢庄乡中学独有的"安宁效应"。

六年的时光,匆匆又缓慢。李安宁说,子昂已成了他生活的一部分。郑子昂说,六年来,安宁就是他的腿,是他最亲的兄弟。

李安宁说:"我一直有一个信念,做一个像雷锋一样有益于人民的人,让自己的人生绚丽多彩。直到有一天,我遇到了一个坐着轮椅上学的同学,我的这个信念更加坚定了。"这一天,是一个美丽的开始,也是一个幸福的开始。

脊髓灰质炎 脊髓灰质炎是由脊髓灰质炎病毒引起的急性传染病,主要是经口侵入。

脊髓灰质炎一般多发生在小儿身上,部分患者会发生迟缓性神经麻痹,所以又称"小儿麻痹症"。

成人也可能发病,但出现麻痹的病例一般少于1‰。不过,一旦发生麻痹,往往留有不同程度的后遗症,严重者甚至终生残疾。如美国的富兰克林·罗斯福在39岁时,患了脊髓灰质炎,从而导致了他双下肢瘫痪。

我们应该不虚度一生,应该能够说:"我已经做了我能做的事。"

——[法]居里夫人

世界冠军的父女情

网球教练夏溪瑶经过羽毛球训练场,本来是偶然路过,但是一个小小的身影引起了她的注意:这个孩子是谁?这是一个难得的好苗子,一定要招到网球队来。

这个孩子就是李娜。她出生在体育世家,爷爷是体育教师,爸爸是湖北省羽毛球队队员。本来应该成为羽毛球运动员的女孩子,从此走上了网球之路。

开始训练的时候,李娜没有机会住到集体宿舍,每天都是爸爸李盛鹏送她去练球,风雨无阻,从来没有耽误过。

一天,下起了大雪,父女二人不需要商量,毫不犹豫地早早地出发了。但是路上结了冰,太滑了,好几次两个人都从自行车上摔了下来。于是,他们把自行车放在路边,开始等公共汽车。好不容易挤上了公共汽车,走走停停,

停停走走,最后竟然不动了。父女二人干脆挤下车,迈开双腿,向训练场走去。快到训练时间了,教练看着外面越来越大、越来越密集的雪花,心想:今天李娜没有办法赶来了,算了,开始训练吧!

还没等她开口,门被推开了,满身都是雪的李娜父女俩进来了。李娜的第一句话竟然是:"教练,我没迟到吧?"看着满脸惶恐的孩子,教练的心一下子软了,连忙说:"没有,没有,这么大的雪,我还以为……"不等教练说完,李娜就干脆地说:"太好了,那咱们开始吧。"

即使是周末,他们也不休息。一家三口一起来到汉口青少年宫,租好场地,让不到10岁的女儿与一些十八九岁的业余运动员对打,以便提高网球水平。

李娜没有辜负父母的期望。刚开始的时候,由于年龄小,总是打不过其他队员。可没过多久,队里就没有一个人是李娜的对手了。

可正当李娜的网球之路开始顺利的时候,她的父亲李盛鹏因为先天性血管狭窄住进了医院。在病床上,李盛鹏辗转反侧,他深知这个阶段正是运动员成长最重要的阶段,这个时候李娜分分秒秒都耽误不起,但是自己……不能拖累孩子呀。于是,他拿起纸笔,给李娜的教练夏溪瑶写了一封信。

夏溪瑶看着李盛鹏的信,信里面的一字一句都是沉甸甸的。信中写道:"夏指导,由于我身体不好,已住院两个月了……李娜只当是您的大姑娘一样,不对的地方狠狠地教育……我只希望在她的身上实现我没有实现的愿望。孩子就拜托您了!"这是一个老运动员的嘱托、一个父亲最深切的托付。

从此以后,夏溪瑶在训练中更加严格地要求李娜,在生活中更加细致地呵护李娜,直到把李娜送到了湖北省队,把她送到了另一个教练余丽桥手中。

那是1986年。那一年,李娜小学刚刚毕业;那一年,李盛鹏去世了。

李盛鹏去世的时候,李娜正在深圳打比赛,没有一个人告诉她爸爸去世了。李盛鹏临终前,请求所有的人替他保密,生怕影响女儿比赛。

像往常一样,李娜坐着火车回到了汉口。出了火车站,妈妈没有来接她,是叔叔来接的。叔叔没有露出一点不对劲的神色,反而和辛苦比赛归来的李娜一起吃了早饭。不知内情的李娜香甜地吃着,还不停地说着比赛的事情。叔叔看着自己的侄女,什么也说不出口,只是轻声说:"吃完早饭,一起去爷爷奶奶家吧。"

到了爷爷家的楼下,李娜看到了一个大大的花圈,上

面竟然写着自己爸爸的名字。她揉了揉眼睛,简直不敢相信,是错了吗?是写错了吧,是重名吧!

不知道怎么上的楼,不知道怎么进的屋。一进门,她就看到了爸爸的遗体。客厅里也挂着爸爸的遗像,像往常一样慈爱,但是飘动的黑纱,明明白白地告诉李娜,父亲已经远去了,再也不会回来了,再也不会温和地鼓励她,再也不会陪她一起打球了……

李娜几乎哭不出来。看着垂泪的妈妈,她一动不动。

没有人知道这个孩子是怎样走过那段痛苦的岁月,只知道失去了父亲的李娜,仿佛在一夜之间长大了。只知道,在她父亲去世的第二年,李娜在全国网球总决赛中获得了冠军,这是她拿到的第一个全国冠军。

此后的每一年,李娜几乎都是用胜利的消息来告慰父亲。

2014年,李娜获得了澳网女单冠军,获得了自己第二个大满贯女单桂冠,这也是亚洲选手首个澳网单打冠军。已经31岁的李娜成了公开赛以来澳网年龄最大的女单冠军。

这或许是女儿对父亲最好的告慰。

知识链接

网球大满贯 在网球运动中,大满贯是指一个选手在一个赛季里,获得澳大利亚网球公开赛、温布尔登网球公开赛、法国网球公开赛、美国网球公开赛四项赛事冠军。

大满贯系列赛是职业网坛最重要的赛事,是网球运动中的顶级赛事。

※ ※ ※

忧劳可以兴国,逸豫可以亡身,自然之理也。

——(宋)欧阳修

后记

这套"梦想的力量：中国梦青少年读本"丛书得以出版，首先要感谢北京师范大学出版集团和安徽大学出版社的大力支持与帮助。感谢安徽大学出版社康建中社长不辞辛苦地从安徽赶来北京师范大学参加我们的审稿研讨会，并提出了重要的具有建设性的意见。感谢安徽大学出版社赵月华总编辑，这套丛书从最初的构思、策划，到最终的出版、发行，都凝聚着她的智慧和心血。社长和总编把这套丛书的读者定位在青少年身上，体现了他们对"中国梦"本质内涵的深刻理解，凸显了他们为实现"中国梦"所担负的社会责任感。同时，还应该感谢安徽大学出版社王先斌等编辑，他们在每一本书的编辑过程中都提出了许多宝贵而中肯的意见。

当然,本丛书各卷撰写者都是在繁忙之中,集中时间和精力,全力以赴地完成书稿的,付出了许多的辛劳和汗水。另外,还要感谢丁子涵、郝思聪、任敏、张悦等几位研究生,他们在查找资料、校对书稿等方面做了大量工作。

从开始策划到完稿,时间太仓促了,因此难免会有一些纰漏和不足,还请各位读者给予指正!

刘　勇　李春雨

2014 年 5 月